실존법으로서의 자연법

베르너 마이호퍼 지음
윤 재 왕 옮김

세창출판사

이 도서의 국립중앙도서관 출판시도서목록(CIP)은 e-CIP홈페이지(http://www.nl.go.kr/ecip)와 국가자료공동목록시스템(http://www.nl.go.kr/kolisnet)에서 이용하실 수 있습니다.(CIP제어번호: CIP2011001466)

|목 차|

[서론]

현대 자연법의 문제

1945년 독일제국의 몰락과 함께 법의 영역에서도 우리에게 남아 있던 것은 폐허뿐이었다. 그 후 —구스타프 라드브루흐가 1947년에 발표한 「법의 혁신」이라는, 하나의 강령과도 같은 글에서 확인하고 있듯이[1]— 장래의 독일 법률가들은 '파괴의 현장을 말끔히 정리하면서 동시에 그 위에 새로운 법을 신축해야 하는' 몹시 어려운 숙제를 떠안게 되었다. 라드브루흐는 이 숙제를 두 가지 서로 모순되는 내용으로 채우고 있고, 이는 지금까지도 우리의 정신적 상황이 안고 있는 커다란 역설을 잘 드러내고 있다. 즉, 한편으로는 아무런 수치심도 느끼지 않고 마구잡이로

---

1) Gustav Radbruch, Die Erneuerung des Rechts, S. 1f.; 인용은 Werner Maihofer(Hrsg.), Naturrecht oder Rechtspositivismus?, Wege der Forschung Bd. XVI, 1962에 따름. 자연법과 법실증주의와 관련된 문헌목록도 담고 있는 이 논문모음집은 아래에서는 NoR로 약칭한다.

파괴되고 위반되어 왔던 '법률에 대한 존중을 회복'해야 한다고 한다. '국가는 국가 스스로 만든 법률에 구속되어야 한다는 원칙을 새롭게 정립'해야 하며, 이를 통해 '법적 안정성을 다시 확립'하고, '법치국가를 재건'해야 한다는 것이다. 다른 한편 불법의 침입이 단순히 법률의 파괴와 위반을 통해서 이루어질 뿐만 아니라, '불법, 즉 범죄에 대해 법률의 형식을 부여하는 방식을 통해서도 가능하다'는 부정할 수도 없고 결코 잊을 수도 없는 역사적 경험에 비추어 법률가들은 '첫 번째 숙제와는 거의 모순되는 것처럼 보이는 두 번째 숙제, 즉 몇십 년 전부터 독일의 법률가들이 아무런 의문도 제기하지 않고 받아들였던 실증주의를 극복'해야 할 숙제를 떠안게 되었다고 한다. 라드브루흐에 따르면 실증주의는 "법률은 법률이다"는 명제를 통해 그 지지자들을 '법률의 형식을 띤 불법'에 대해 '아무런 저항도 하지 못하는 무력한' 존재로 만들어 버렸다고 한다. 이러한 이유에서 라드브루흐는 "자연법, 신법, 이성법과 같이 법률보다 상위에 있는 법, 다시 말해 불법이 설령 법률의 형식을 갖출지라도 불법은 불법일 수밖에 없음을 확인할 수 있게 만들어주는 기준으로서의 초법률적 법이 존재한다"는, "고대, 기독교 중세, 계몽시대에 공통되는 수천 년에 걸친 지혜를 다시 진지하게 성찰"할 것을 요구한

다.[2)]

라드브루흐의 이 말은 법의 혁신을 둘러싸고 전개된 그 후 수 년간의 논의에 화두를 제공했다. 즉, 상실된 법적 안정성을 법치국가적으로 혁신해야 한다는 요구와 침해된 정의에 대한 자연법적 혁신을 이루어야 한다는 두 가지 요구를 때로는 어느 한쪽이 더 우선한다는 식으로 대립관계로 파악하기도 하고, 때로는 두 가지 모두 같은 비중을 갖는 병렬관계로 파악하기도 한다. 물론 이 논의가 전개되면서 점차 주제가 궤도를 벗어나기도 하고 문제의 중점이 뚜렷하게 다른 쪽으로 옮겨가기도 한다는 사실을 확인할 수 있다.

논의의 첫 번째 단계에 해당하는 약 1951년까지는 '자연법의 혁신'에 비중을 두고, '자연법이냐 법실증주의냐?'라는 대안(과연 양자가 완전히 대립된 것인지 의문이지만) 가운데 상당히 분명하고도 일방적으로 '자연법으로의 회귀'를 부르짖는 목소리가 압도적이었다.[3)] 이에 반해 논의의 초창기를 압도하던 자연법론에 대항하여 자연법의 과잉을 경고하며 각성을 촉구하는 입장들은, 너무 성급하게

---

2) A.a.O. S. 2.

3) 대표적으로는 Adolf Süsterhenn, Das Naturrechts, NoR, S. 11ff.; Hermann Weinkauff, Das Naturrecht in evangelischer Sicht, NoR, S. 210ff. 참고.

'사망선고를 받은 실증주의'를 제대로 이해하게 된다면 법실증주의가 충분히 살아남아 있어야 할 가치가 있다는 점을 자연법론자들과 마찬가지로 상당히 분명하고도 일방적으로 주장했다.[4] 이로써 법적 안정성을 향한 법치국가적 요구와 정의를 향한 자연법적 요구 사이의 긴장관계가 회복되었고, 양자 사이의 이러한 긴장관계를 고려한다면 법을 오로지 자연법적으로만 근거짓거나 또는 법을 순수하게 실증주의적으로만 도출하려는 시도 모두 불가능하게 되었다.

자연법과 법실증주의는 둘 가운데 어느 하나를 선택해야 하는 관계에 있는 것이 아니라, 한스 벨첼의 논문 제목[5]에서 하나의 강령처럼 표현되고 있는 것처럼 자연법과 법실증주의 양자를 함께 철저히 고려하면서 법을 새롭게 근거짓는 방법밖에 없다는 냉철한 확신은 이제 법의 혁신을 둘러싼 두 번째 단계의 시도들을 지배하게 되었다. 이러한 확신에 근거하여 오늘날의 철학과 신학의 여러 경향들로부터 새로운 사고의 실마리를 펼쳐보려고 시도하고 있다.

---

4) 이와 관련해서는 Erwin Riezler의 인상깊은 논문 Der totgesagte Positivismus, NoR, S. 239ff. 참고.

5) Hans Welzel, Naturrecht und Rechtspositivismus, NoR, S. 322ff.

이와 같이 초창기의 논의는 대부분 어느 한쪽에 일방적으로 비중을 두는 입장들이 오락가락했고, 이는 자세히 고찰해보면 단지 법에 대한 이중적 혁신을 요구했던 라드브루흐의 견해를 반복한 것에 불과했다. 하지만 자연법론과 법실증주의 가운데 어느 한쪽에만 치중하는 입장을 왔다 갔다하면서 처음에는 거의 느끼지 못했지만, 분명 문제의식의 변화가 이루어졌다. 즉, 자연법에 대한 요지부동의 신앙을 표명했던 라드브루흐의 견해 대신에 이제는 자연법이라는 다의적인 개념으로 설명될 수 있는 여러 가지 실질적 문제들을 어떻게 인식할 것인가 하는 물음이 전면에 등장하게 되었다.

라드브루흐만 하더라도 법의 혁신을 위한 길이 서양의 기독교 전통의 자연법에 대한 성찰을 통해 발견될 수 있다는 확신을 갖는 데에 딱히 주저할 이유가 없었지만, 얼마 지나지 않아 '법실증주의의 과잉' 이후에 다시 그 반대쪽의 과잉, 즉 '자연법의 과잉'도 경계[6]해야 할 뿐만 아니라, 과거의 자연법을 포함하여 자연법의 '복고' 자체가 상당히 '문제가 많다'[7]고 여기는 목소리도 갈

---

6) 예컨대 Otto Veit, Der geistgeschichtliche Standort des Naturrechts, NoR, S.33 참고.

7) 예컨대 Ernst Topitsch, Das Problem des Naturrechts,

수록 더 커져갔다. 물론 라드브루흐도 자연법이 전혀 문제가 없다고 여기지는 않았지만, 자연법에 대한 물음 자체는 문제가 없다고 보았다. 이에 반해 라드브루흐 이후의 논의들은 자연법의 문제를 새롭게 성찰하고자 한다. 새로운 성찰들은 자연법에 대한 전통적인 본질철학의 대답에 안주하지 않고, 자연법이라는 몹시 불확실한 개념에서 전통적으로 '이념'이나 '본질'과 같은 개념들로 바꾸어 설명을 했던 '자연'이 과연 무엇인지에 대한 새로운 통찰을 얻기 위해 더욱더 철두철미하게 물음을 제기한다. 이러한 시도는 에릭 볼프의 저작 「자연법론의 문제」[8]에서 처음으로 포괄적으로 이루어졌다. 이 책에서 전통적인 자연법론에 대한 역사적, 체계적 분석을 통해 확인된 내용은 다음과 같은 점이다. 즉, 전통적인 자연법론에서 사용한 자연이라는 개념과 법이라는 개념과 관련하여 각각 9가지 서로 다른 이해방식이 있으며, 이 아홉 가지의 개념들이 서로 조합되는 가능성에 따라 무수히 많은 자연-법(Natur-Recht) 개념의 만화경이 형성된다는 것이다.[9] 볼프의 이러한 확인에 힘입어 우리는 자연

NoR, S. 159ff. 참고.

8) Erik Wolf, Das Problem der Naturrechtslehre, 2.Aufl. 1959.

9) 이에 관해서는 Werner Maihofer, Das Problem des

법의 문제를 너무나도 순진하고 단순하게 처리하는, 오늘날에도 여전히 만연되어 있는 태도로부터 벗어날 수 있다. 다시 말해 자연법론에 대한 볼프의 설명이 옳다면, 우리는 그렇게 많은 자연법 개념들 가운데 단 하나의 올바른 자연법개념을 찾으려고 시도하는 일에 회의를 품어야 할 것이다.

그러나 현재의 철학과 법학을 토대로 하여 오늘날 과연 자연법에 대한 물음을 제기하는 것이 어떤 의미를 가질 수 있는가? 전통적인 철학이 전제하고 있는 내용들에 비추어 볼 때, 우리 서구세계에서 널리 퍼져나가고 있는 철학적 및 과학적 실증주의가 생각하고 있는 것처럼 그러한 물음을 제기할 실마리조차 없어진 것은 아닌가? 아니면 비록 다른 방식일지라도 이 오래 된 물음이 오늘날에도 다시 제기되는가? 더 나아가 우리는 자연법이라는 개념으로 바꾸어 설명했던 실질적 문제를 새롭게 성찰해야만 하는 것은 아닌가?

일단 다음과 같은 사실을 확정할 필요가 있다. 자연법이라는 극히 복합적인 개념으로 바꾸

Naturrechts, in: Archiv für Rechts- und Sozialphilosophie, Bd. 46, 1960, S. 417ff. 참고.

어 설명했던 실질적 문제를 새롭게 성찰하려는 오늘날의 시도는 거의 예외 없이 하나의 동일한 방향으로 나가게 된다. 그것은 곧 때로는 '가변적인 자연법'(슈탐믈러), '역사적이고 탄력적인 자연법'[10] 또는 '역사적이고 상대적인 자연법'으로, 때로는 '변화하는 내용을 지닌 자연법' 또는 '생성되어 가는 자연법'[11]으로, 때로는 추상적 자연법과 구별되는 '구체적 자연법',[12] 비역사적 자연법과 구별되는 '역사적 자연법'[13]으로 바꾸어 서술하는 '제한적 자연법'(푸펜도르프)이라는 방향이다.

이 모든 시도들은 분명히 이성중심주의(Intellektualismus)와 의지중심주의(Voluntarismus)를 어

---

10) 특히 Eduard Spranger, Zur Frage der Erneuerung des Naturrechts, NoR, S. 87ff., 특히 S. 93f. 참고.

11) Erich Fechner, Naturrecht und Existenzphilosophie, NoR, S. 384ff., 특히 S. 402ff.; ders., Rechtsphilosophie, 2.Aufl. 1962, S. 261f. 참고.

12) 이미 칼 엥기쉬(Karl Engisch)는 그의 저서 Die Idee der Konkretisierung in Recht und Rechtswissenschaft unserer Zeit, 1953, S. 288f.에서 '구체적이고 개별화하는 자연법'이라는 표현을 쓰고 있다. '구체적 자연법사상'에 관해서는 Maihofer, Die Natur der Sache, in: Archiv für Rechts- und Sozialphilosophie, Bd. 44, 1958, S. 145ff., 특히 S. 174 참고.

13) 이에 관해서는 Arthur Kaufmann, Naturrecht und Geschichtlichkeit, 1957, 특히 S. 10ff. 참고.

느 정도 극복한 입장에서 출발한다.[14] 즉, 최근의 자연법론들은 질서와 결단 사이의 변증법적 긴장관계를 어느 한쪽 방향으로 해소하지는 않는다. 다시 말해 그 자체로 정립되어 있고, 인간에 앞서 미리 주어져 있는 질서라는 이성중심주의적 사고에 붙들려 있지 않으며, 그렇다고 인간에게 부과되어 있는 결단이라는 의지중심주의적 사고에 붙들려 있지도 않다. 그보다는 양자를 변증법적으로 연결하여 인간에게 미리 앞서 주어져 있으면서 동시에 인간에게 부과되어 있는 질서와 결단으로 파악하고자 한다. 그렇다면 우리는 그와 같은 질서의 근거이자 또한 동시에 그와 같은 결단의 척도가 되는 자연이라는 개념을 어떻게 파악해야만 우리가 '자연적' 또는 '이성적'인 질서와 결단으로서, 사물의 질서에 비추어 실질에 부합하는 질서와 결단으로서 그리고 인간의 규정에 비추어 삶에 부합하는 질서라고 부를 수 있을 것인가? 그러한 질서와 결단이 사물 또는 인간에 관한 초역사적인 불변의 존재 또는 본질에 그 근거와 척도를 두고 있지 않다면, 도대체 그 근거와 척도를 어디에서 찾아야 하는가?

---

14) 전통적인 자연법사상에서 등장하는, 이성중심주의와 의지중심주의 사이의 대립관계에 관해서는 Hans Welzel, Naturrecht und materiale Gerechtigkeit, 4.Aufl. 1962 참고.

I 인간의 대상적 본질: 세계 내의 구체적 실존

플라톤과 아리스토텔레스 이후의 전통적인 본질철학의 사유형식에 따르면 자연-법이라는 개념에서 말하는 자연은 사물의 배후에 자리잡고 있는 이념 또는 사물에 내재해 있는 실체로 파악하게 된다. 이러한 사유형식을 전제로 하여 우리는 여우나 토끼와 같은 인간 이외의 생명체에 대해서도 자연적으로 내재하는 또는 신이 심어 놓은 본질이 있다고 말하게 된다. 그와 같은 생명체의 생명질서와 마찬가지로 인간의 삶에 대해서도 자연이나 신이 이미 부여해 놓았고, 따라서 인간이 그저 받아들여야만 하는 자연질서 또는 신의 질서가 있다고 생각한다. 다만 본능이나 충동(이성적인 충동과 의지적인 충동을 모두 포함)을 통해 이미 본질에 대한 기획에 구속되는 동물과는 달리 인간에게는 스스로의 인식과 의욕을 통해 자신에게 이미 정립되어 있는 규정을 발견하고, 적극적인 행동을 통해 단순한 가능성을 현실성으로 전환해야 할 과제가 부여되어 있다는 단 한 가지 점에서 동물과 인간 사이에는 차이가 있다.

이와 같은 사고와 밀접한 관련이 있는, 전통적인 유의 형이상학(Gattungsmetaphysik)의 해석방식에 따르면 모든 인간의 '배후에 자리잡고 있는' 본질적 이념 또는 모든 인간에 '내재하는' 본질적 실체는 보편적 성격을 갖는다.[1] 그리하여 설령 인간의 진정한 자연(본성), 즉 인간으로 하여금 단순한 자연적 존재(감각적 존재: 현상적 인간, homo phaenomenon)를 뛰어넘게 해주는 '제2의 자연(본성)'을 이성적 존재(예지적 성격: 예지적 인간, homo noumenon)로 규정하고 또한 이러한 인간의 진정한 자연(본성)을 훗날의 칸트처럼 자율적인 존재, 즉 '목적 그 자체'로서 이해하는 경우일지라도, 자신의 목적을 스스로 정립하는 이 인간이라는 존재가 펼치는 자기활동의 과제는 오로지 그리고 전적으로 그 이념에 비추어 볼 때 각 개인에 대해 이미 그 자체로 미리 주어져 있는 보편적 규정을 각 개인의 '인격 속에서', 다시 말해 모든 인간의 토대가 되는 유(Gattung)적 이념

---

1) 이에 관해서는 Maihofer, Vom Sinn menschlicher Ordnuing, 1956, S. 17ff.; ders., Recht und Sein, 1954, S. 27 참고.

으로서의 '인간성'을 스스로에게 실현하는 것뿐이다. 따라서 인간에게 이미 보편적으로 주어져 있는 진정한 본질과 '진정한 의지'로부터 자신의 목적을 이성적으로 설정하는 것이 인간의 자기활동이 수행해야 할 유일한 과제이다. 그리하여 인간은 그가 자연이나 신에 의하여 규정된 인간의 본질에 비추어 이미 언제나 그럴 수밖에 없는 보편적 존재로서 스스로를 이해하고 포착해야 한다.[2)]

---

2) 하지만 이미 칸트철학에서도 이처럼 인간의 본질이 갖는 '실체적' 보편성을 '모든 인간의 인격성'에 깃든 '인간성'이라는 (유적) 이념으로부터 도출하는 전통적인 유의 형이상학적 해석의 뒤편에서 이러한 보편성을 인간의 본질 속에 이미 주어져 있는 어떤 것이 아니라, '이성적 존재'로서의 인간의 본질에 따라 인간에게 부과되어 있는 것으로 파악하는 실존론적 해석의 실마리가 나타나 있다. 물론 칸트가 묵시적으로 전제하고 있는, '이성적인 것과 보편적인 것의 동일성'(이에 관해서는 Maihofer, Vom Sinn menschlicher Ordnung S. 23 참고)으로부터 다른 모든 (순수한) 자연적 존재와는 달리 스스로 목적을 설정하는 이성적 존재인 인간은 그가 행하고 추구하는 모든 것 속에서 ("보편타당하게 행동하라!"는 정언명령에 따라) 본질적으로 보편적으로, 다시 말해 자신과 같은 다른 모든 존재들과 똑같이 목적을 설정해야 한다는 요청이 도출된다(이에 관해서는 a.a.O., S. 17ff., 특히 S. 21 각주 26 참고). 그러나 칸트가 그 본질에 비추어 다른 동물과 구별되는 인간적인 것으로 밝혀냈던 이 보편성은 인간에게 (인간 바깥에서) 미리 주어져 있는 것으로 확정되어 있지 않고, 오히려

이렇게 볼 때, 인간은 이 유의 모든 개체들이 '인간성'이라는 하나의 동일한 이념을 기반으로 삼고 있는 존재이며, 따라서 자연 또는 신에 의해 보편적으로 주어진, 모든 인간의 잠재적 능력은 오로지 이성적으로 이해하고 포착되어야만 하고, 또한 그래야만 인간의 이 전제된 본질상태 속에서 스스로를 실현하게 된다. 인간의 본질적 본성 및 이로부터 도출되는, 인간 사이의 본질적 질서에 대한 이와 같은 해석에 의하면 각 개인 및 인류 전체의 과제는 어떤 결정을 내릴 때에는 언제나 이미 주어져 있고, 인간의 본질 자체에 내재한 이러한 보편성을 지침으로 삼아야 할 것이다. 그리고 이러한 보편성은 이 세계의 모든 인간 질서의 자연적 또는 신적 근거이자 미리 주어져 있고 또한 있는 그대로 받아들여야 하는 인간의 본질에 부합하는 모든 결정의 척도로서 각각의 역사적 상황 속에서 찾아내야만 할 것이다.

인간에게 부과되어 있는 것으로서 늘 미래를 향해 열려져 있다는 점은 그의 '세계시민적 관점에서 바라본 보편사의 이념(Idee zu einer allgemeinen Geschichte in weltbürgerlicher Absicht, in: Akademieausgabe Bd. VIII, S. 20ff.)'의 '네 번째 명제'에 나타난 표현에서 분명하게 드러난다. 즉, 칸트는 인간과 관련하여 '그 목적에 비추어 본 창조의 공백'에 관해 말하면서, '이성적 자연(본성)'을 지닌 인간은 스스로의 목적활동을 통해 이 공백을 '메워야' 한다고 한다.

예컨대 연방법원의 판결처럼 '미리 주어져 있고 있는 그대로 받아들여야 할 가치의 질서'가 있고, 이로부터 '그 자체만으로 타당성을 갖는' '도덕률의 규범을 도출해야 한다'고 말할 때에는 언제나 이 보편적으로 미리 주어져 있는 인간의 본질 및 보편적으로 미리 주어져 있는 인간 사이의 본질적 질서를 전제하고 있다. 그와 같은 사고는 인간에게 바깥에서 미리 주어져 있는 어떤 객관적 도덕률이 존재한다는 점을 전제할 뿐만 아니라, 자연이나 신에 의해 존재하게 된 그러한 객관적 도덕률이 인간에게 어떤 '요청'을 제기하고 또한 그러한 요청에 응해야 한다는 사고와도 관련을 맺게 된다. 즉, 인간에게 객관적 도덕률은 인간의 승인이나 복종 또는 심지어 '도덕이 요구하는 내용이 무엇인지'에 대한 인간의 '생각'과는 아무런 관계없이 그 자체로 절대적 타당성을 갖는다고 본다.[3)]

객관적 도덕률을 이런 식으로 얘기하게 되면 마치 법관이 이것은 하고 저것은 하지 말라고 요청하기보다는, 인간이 인간에 대해 갖고 있는 것이 아니라, 어떤 초인간적 법정, 즉 자연 또는 신에 의해 미리 주어져 있는 도덕률이 인간에게 제

3) 예컨대 BGHSt 6, 52는 이러한 입장에 있다.

기하고 있는 요청을 법관이 그저 '원용'할 뿐인 듯한 인상을 불러일으킨다. 이와 같은 사고방식에 따른다면, 마치 그와 같은 자연법적 요청을 입 밖으로 내뱉는 것은 법관이 의욕한 것이 아니라, 법관마저도 초월하는 고차원의 법정이 법관 자신의 의지와는 관계없이 법관으로 하여금 이 법정의 명령과 금지를 그저 말로 표현하도록 만드는 것에 불과한 것처럼 보인다.

비아커가 연방법원의 이런 식의 표현에 반론을 제기한 것[4]은 정당하다. 왜냐하면 그와 같은 인간상과 그에 따른 객관적 도덕률은 오늘날 전혀 신뢰할 수 없다고 보일 뿐만 아니라, 인간과 자연에 관하여 우리로서는 극히 의문스럽게 된 선이해에 기초하고 있기 때문이다.

신칸트주의와 오늘날의 신토마스주의에서 찾아볼 수 있는, 인간에 대한 그와 같은 본질철학적이고 유의 형이상학적인 해석에 따르면 인간은 본질적으로 인간 스스로의 활동의 산물이 아니다. 즉, 인간의 '본질'은 이미 자연이나 신에 의하여 규정되어 있으며, 따라서 인간의 과제는 오

4) Frannz Wieacker, Rechtsprechung und Sittengesetz, Juristenzeitung 1961, S. 337ff.

로지 인간이라는 유의 모든 개체들이 그렇듯이 자신과 동일한 다른 모든 존재들에게 미리 주어져 있는 본질적 상태를 실현하며, 인간에게 주어져 있는 자연적 소질을 발현하고 신이 그에게 선사한 '재능'을 십분 발휘하는 것일 뿐이다.

포이어바흐[5]와 맑스, 니체[6]와 키에르케고르에 의해 관념론 철학이 붕괴하면서 인간의 존재를 자연에 의해 미리 주어져 있거나 신에 의해 수립된 영원하고도 보편적인 존재로 파악하는 입장은 의심의 대상이 되었다. 그 대신 인간의 '자연' 또는 '본질'을 인간의 근원이 되는 이념이나 인간에 내재하는 실체가 아니라, 인간이 세계 내에서 영위하는 실존으로부터, 즉 인간이 세계 내에서 자신의 본질을 추구하는 방식으로부터 파악하는 견해가 전면에 등장하게 되었다.[7]

---

5) 헤겔철학에 대한 논박을 통해 포이어바흐가 전통적인 유의 형이상학에 등을 돌리게 되었다는 점에 관해서는 Maihofer, Konkrete Existenz, Versuch über die Philosophische Anthropologie Ludwig Feuerbachs, in: Festschrift für Erik Wolf, 1962, S. 246ff., 특히 S. 248ff. 참고.

6) 칸트의 정언명령을 반박하면서 니체가 전통적인 유의 형이상학에 등을 돌리게 되었다는 점에 관해서는 Maihofer, Vom Sinn menschlicher Ordnung, 1956, S. 24ff. 참고.

7) 이에 관한 구체적인 내용은 Maihofer, Konkrete Existenz, a.a.O., S. 253ff. 참고.

이와 같은 견해에서 인간은 "확정되어 있지 않은 동물"(니체)로서 그 본질이 자연이나 신에 의해(신인동형설) 미리 확정되어 있는 것이 아니라, 자신의 규정을 이해하고 포착하는 가운데 비로소 스스로의 본질이 형성되게 만드는 존재이다. 따라서 인간은 철두철미 그가 자신의 본질을 추구하는 관계들과 그러한 관계들에 내재하는 고유한 질서의 산물일 뿐만 아니라, 궁극적으로 어느 누구도 대신할 수 없고 또한 남이 빼앗아 갈 수도 없는, 그 자신이 내려야만 하는 결정의 산물이기도 하다.

인간의 존재를 '구체적 존재', 즉 세계 내의 '대상적 존재'[8]로 파악하는 견해는 유물론과 현대의 실존주의에서 똑같은 모습으로 등장한다. 이 견해들에 따르면 인간은 자신에게 향해진 주체, 즉 세계라는 객체 그 자체에 마주 서 있는 인간이 아니라, 인식과 행동에서 결코 배제할 수도 없고 해체할 수도 없게끔 주체-객체, 세계-인간의 관계에 있는 존재이다. 다시 말해 인간은 자신의 이 세계 속에서 현존하는, 특정한 인간이다.[9] 인간의 본질에 관하여 더 이상 실체론적이

---

8) A.a.O., S. 254f.

9) 이에 관해서는 a.a.O., S. 262ff. 참고.

아니라, 실존론적이라고 해야 할 이 완전히 새로운 견해는 인간의 본질을 구체적이고 대상적으로 이해한다. 즉, 인간은 (추상적으로) 정치적 동물(아리스토텔레스)[10]이나 예지적 인간(칸트)이 아니라,

---

10) 아리스토텔레스에서도 인간의 본질에 대한 추상적 규정 이외에도 인간존재를 구체적으로 파악하는 첫 단초도 분명하게 나타나 있다. 니코마코스 윤리학(Nichomachische Ethik I, 5, 1097b)에서 아리스토텔레스는 "순전히 그 자체만으로 삶을 갈구할 대상으로 만들고 그 어느 곳에도 흠을 드러내지 않는 것"(자족성 autarkeia), 즉 "잘 알듯이 그 자체만으로 이미 자족적인" "최고선"과 관련하여 다음과 같이 말한다. "'그 자체 만으로 충분한 것(자족성)'이라는 개념을 … 우리는 자기 혼자만을 위한 자족성, 고립된 사람으로 삶을 살아가는 사람들을 위한 자족성이 아니라 부모, 자식, 아내, 그리고 더욱 일반적으로는 친구들과 동료 시민들과 함께 연대하는 가운데서 이루어지는 삶에 적용해야 한다. 왜냐하면 인간은 그 본성상 공동체를 위해 규정된 존재(physei politicos)이기 때문이다. 하지만 그러한 연대에는 일정한 한계가 그어져야 한다. 왜냐하면 만일 우리가 부모의 선조로 거슬러 올라가거나, 자식과 그 밑의 후손 그리고 친구의 친구 등의 식으로 늘려간다면 그 연대의 범위는 무한대가 될 것이기 때문이다"(Dirmeier의 번역, 1953, S.13). 여기에서도 인간의 존재는 구체적으로, 다시 말해 인간의 본질이 인간이 충족시켜야 할 공동체적 존재로서 파악되고 있고, 또한 대상적으로, 다시 말해 인간 상호간의 제반 관계의 앙상블이자 인간 사이의 '관계'의 '총합'으로 파악되고 있다. 이러한 사고는 훗날 스토아철학자인 에픽테투스에서 인간의 소명을 충족하기 위해 똑같이 근원적인 두 가지 요청, 즉 "세계에 대한 독립성"과 "세계와의 합치"라는 요청

인간이 그 속에서 자신의 '본질'을 추구하는 "사회적 관계들의 앙상블"(맑스), "인간이 그 속에서 살아가는 관계들의 총합"(사르트르)으로 규정된다.

인간의 자연 또는 본질에 관한 이 실존론적 개념은 '역사적' 자연법 또는 '사회학적' 자연법에 관한 오늘날의 구상들뿐만 아니라, '구체적' 자연법, '실존론적' 자연법 또는 '실존론적 본질법'[11]에 관한 구상들에서도 정도의 차이는 있지만 확연하게 그 토대를 형성하고 있다. 이 새로운 견해들 모두 인간을 그 자신에게 향해진 또는 그 자체로서의 주체가 아니라, 세계-내-존재 가운데 있는 주체-객체의 관계로서 파악한다. 다시 말해 인간은 그 대상적 본질이 세계-인간의 관계 속에, 그리고 그 구체적 실존이 우리가 세계 내의 일상 속에서 실제로 겪게 되는 나-너 또는 너-나의 관계 속에 있는 존재[12]로 파악된다. 이

의 양극성으로 전개된다. 물론 에픽테투스에서도 인간에 대한 후자의 본질규정 역시 인간을 대상적으로 해석하고 있다. 즉, 사회적 상황을 능숙하게 처리하는 것, 다시 말해 우리가 세계 내에서 마주치는 타인과의 관계 속에서 구체적으로 실존하는 가운데 맡게 되는 사회적 역할을 수행하는 것으로 해석한다.

11) 이 표현을 처음 사용한 Max Müller, Existenzphilosophie im geistigen Leben der Gegenwart, 2.Aufl. 1958, S. 100f. 참고.

렇게 세계실존 속에 있는 현실의 인간은 본질적으로 인간이 맺고 있는 관계들의 산물이자 또한 그 자신의 산물이다. 다시 말해 인간의 세계 내의 구체적 실존은 미리 주어져 있는 것과 과제로 부여되어 있는 것 양자 모두의 산물이며, 사물의 본성과 인간의 규정의 변증법적 관계의 산물이다.

12) 인간의 구체적 실존이 나와 너의 통일성 그리고 나와 나 아닌 것의 통일성이라는 근원적인 변증법의 관계에 있다는 점에 대해서는 Maihoifer, Konkrete Existenz, a.a.O., S. 270ff. 참고.

II 구체적 실존의 변증법: 사물의 본성과 인간의 규정 사이의 양극성

인간만의 특유한 어떤 인간다움과 관련해서는 자연에 의해 미리 주어져 있는 본질(예컨대 여우나 토끼의 경우처럼)이란 없으며, 오히려 다른 어느 누구도 아닌 인간 스스로 자신의 세계와의 적극적인 관계를 통해 스스로를 만들어 나가고 또한 그 자신으로 만들어지는 것이다. 다시 말해 인간은 인간 자신을 본질적으로 구성하는 모든 것과 관련하여 세계 내에서 그 자신을 창조해 내는 활동의 산물이다. 이러한 전제에서 출발한다면, 인간에게 이미 주어져 있는 본질적 자연 및 이로부터 도출되는, 인간 사이의 본질적 질서에 근거한다는 전통적 의미의 자연법이란 있을 수 없다.

자신의 세계실존의 의미를 이해하기 위한 해석과 자신의 세계실존을 자기 손에 쥐고 있는 가운데 오직 자신의 힘으로 자신의 '자연(본성)'을 비로소 바깥으로 드러나게 하고, 이로써 자신의 규정을 스스로 '확인'하는 것이 곧 인간의 규정이라면, 우리가 지금까지 자연법이라고 불렀던 것의 의미는 변화하지 않을 수 없다. 즉, 이제 자연법이란 인간이 역사 속에서 자기 스스로를 규정하는 일을 사전에 기획하는 것이 바로 자연법의 의미이다. 왜냐하면 인간의 본성이 이미 있는 어떤 것이 아니라, 인간이 세계의 여러 관계들 속에서 그 관계들의 본성에 따라 자신의 본질을 인식하게 되는 것처럼 인간의 본성이 세계 속에서 비로소 형성되는 것이라면, 우리가 보통 자연법이라고 부르는 것은 인간과 관련하여 이미 존재하고 있는 어떤 본질적 실체가 아니라, 그때그때 발생하는 세계실존에 근거하기 때문이다. 그리하여 인간은 자연법적이라고 부르는 본질적 규정 속에서 각각의 역사적 상황에 따라 그러한 세계실존을 향해 스스로를 기획해 나간다.

따라서 우리는 자연 또는 신에 의해 이미 주어져 있는 객관적 도덕률이라든가 인간에게 이미 주어져 있고, 인간이 '그저 받아들여야 할, 어떤 가치의 질서'가 인간에게 요청을 갖고 있고 또한 요청을 제기한다는 식으로 말하는 것은 순전히 자기기만일 뿐이라고 여긴다.

인간만이 의욕을 하고, 인간만이 요청을 한다. 그러나 인간의 의욕과 요청은 아무런 근거도 없는 것이 아니다. 오히려 일상의 생활세계에서 서로 조우하고 서로 관련을 맺는 인간들의 이해관계와 기대들이 사회적 현실 속에서 자리하는 특정한 상태에 비추어, 다시 말해 실질적으로는 이미 주어져 있으면서 동시에 인간의 소명에 따라 처리하도록 인간에게 부과되어 있는 현실을 감안하여 의욕하고 요청하도록 되어 있다. 즉, 특정한 상황에서 어떤 것이 의미가 있고 어떤 것은 의미가 없으며, 어떤 것이 가치가 있고 어떤 것은 가치에 반하는지를 인간이 상호이해와 이성을 통해 통찰해야만 비로소 "당연히 그래야지 또는 당연히 그래서는 안 되지!"라는 요청이 제기될 수 있다.

이처럼 구체적인 어느 한 인간의 본질이 무엇인가에 대한 것이 아니라, 인간 자체가 다른 (공존하는) 인간들과의 관계에서 어떠한 존재인가를 역사적으로 이해하는 것은 오늘날에도 두 가지 방식으로 표명된다. 하나는 각각의 특수한 사물의 본성 또는 사물의 질서와 관련해서이고, 다른 하나는 인간에 대한 보편적 규정, 즉 인간의 '자연' 또는 '본질'과 관련해서이다.

우리는 각각의 상황에서 특수한 인간의 '본성', 즉 인간의 대상적 본질과 관련하여 사물의 본성이라고 말한다. 인간이 각각의 상황에서 특정한 주체-객체로서 세계 내에서의 자신의 본질을 추구하게 되는 여러 관계 속에서 역사적으로 밝혀지는 인간의 본질이 곧 사물의 본성이다. 예를 들어 인간이 물건을 사는 사람 또는 세입자로서, 의사 또는 환자로서, 법관 또는 피고인으로서, 남편 또는 아내로서 역할을 하는 관계 속에서 인간의 본질이 무엇인가라는 물음은 사물의 본성을 통해 대답된다.

그러나 인간의 구체적 본성, 즉 구체적인 어느 누구로서의 인간을 각각 고려한다고 해서 곧 바로 어떤 질서가 도출되는 것은 아니다. 그렇다면 우리는 각각의 '사물 그 자체 속에' 내재하고 있는, 사물의 질서를 어떻게 해서 파악할 수 있을 것인가?

사물의 질서는 각각의 상황 전체와 관련하여 의미를 이해하고 가치를 해석하는 분석을 통해 드러난다. 즉, 생활관계(예컨대 매매와 같은 법적 관계)나 생활구성체(예컨대 가족과 같은 법적 구성체)를 그러한 관계 속에서 서로 조우하고 그러한 구성체에서 함께 살아가는 인간들의 이해관계와 기대가 갖는 그때그때마다의 전형적인 상황에 비추어 분석해 보면 사물의 질서가 무엇인지를 알 수 있다. 그렇다면 생활현실에 대한 그와 같은 분석에서 밝혀지는 것은 구체적으로 무엇인가?

우리가 세계 내에서 현실적으로 특정한 역할(예컨대 매수인과 매도인으로서)을 갖고 있거나 특정한 상황(예컨대 정당방위상황)에 처해 있는 인간의 이해관계와 그에 따른 기대와 관련된 각각의 관점을 하나하나 고려해 본다면, 다시 말해 특정한 역할이나 상황에 관련을 맺고 있는 인간(당사자)의 보존조건과 발현조건에 관련된 각각의 (가치)관점의 입장에서 생각해 본다면, 그러한 역할이나 상황 속에 있는 인간은 특정한 방식의 사건과 특정한 행동방식을 그것들이 자신의 이해관계 및 이해관계와 관련하여 품고 있는 기대에 긍정적으로 기능하는 작용을 할 때에는 이익으로, 그렇지 않을 때에는 손해로 경험한다는 것이 전형적임을 알 수 있다. 다시 말해 인간은 특정한 방식이나 행동방식을 자신의 이해관계의 만족과 기대의 충족 또는 이해관계의 침해와 기대의 좌절로 경험한다.

이러한 사실은 우리들 각자가 직접 경험할 수 있다. 즉, 우리 각자가 이른바 황금률에 비추어 각각의 상황에 따라 '걸려 있는', 당사자들의 이해관계와 기대의 관점을 여러 측면에서 하나하나 그 사람의 입장에서 생각해 보고 또한 특정한 상황으로부터 영향을 받는 당사자들이 갖고 있는 전형적인 이해관계와 기대들이 때로는 서로 합치하고 때로는 서로 모순된다는 점을 면밀히 따져보면 충분히 알 수 있는 일이다.[1)]

한 가지 구체적 보기를 들어 이 점을 더욱 분명하게 밝혀볼 수 있다. 예컨대 다른 의학적 징후가 있어 임신부의 건강을 지키기 위한 인공임신중절 여부라는, 그 자체만으로 이미 여러 가지 이해관계들이 복잡하게 얽혀 있는 상황에서는 앞에서 말한 사고방식을 거쳐 다음과 같은 가치관점들을 확인하게 된다: 엄마의 관점, 즉 생명에 대한 엄마의 이해관계. 태어날 아이의 관점, 즉 생명에 대한 아이의 이해관계. 아버지의 관점, 즉 자신의 배우자이자 이미 태어난 아이 또는 앞으로 태어날 아이의 엄마에 대한 아버지의 이해관계. 의사의 관점, 즉 환자를 치료하고 도우며, 최소한 엄마와 아이가 모두 무의미하게 죽지 않도

1) 생활사실의 존재구조, 의미구조, 가치구조 및 당위구조에 관하여 구체적으로는 Maihofer, Die Natur der Sache, a.a.O., S. 163ff. 참고.

록 해야 할 의사의 이해관계. 그러한 상황으로부터 함께 영향을 받는 타자로서의 사회의 관점. 특히 직접적인 당사자가 아닌 타자들도 그들 속에서 발생하는 이 사건에 대해 일반적인 이해관계를 갖고 있다. 왜냐하면 임신중절과 관련된 그러한 이해관계의 갈등상황을 해소하느냐 해소하지 않느냐는 정언명령에 따라 일반적인 상황으로 번역해 보면 전체에 대해서도 당연히 특정한 작용을 하지 않을 수 없기 때문이다.

결정적인 의미가 있는 물음은 다음과 같은 것이다. 우리가 각각의 관점에 따른 이해관계를 그저 사물에 집어 넣고, 다시 그로부터 사물의 본성을 끄집어 낼 것인가 아니면 그러한 이해관계들이 세계 내에서 현실적으로 그와 같은 상황에 처해 있는 사람들의 입장에서 이 관점들이 실존적으로 '걸려 있는' 관점들로 우리에게 그대로 드러나는가 하는 물음이다.

의학적 징후에 의해 임신중절이 문제되는 경우 엄마와 아이가 (그저 생각 속에서가 아니라) 현실적으로 죽어간다는 점은 유감스럽긴 하지만 일상에서 충분히 검증할 수 있는 경험적 사실이다. 또한 인간은 대부분의 경우 자신의 생명에 대한 자연적 이해관계가 있다는 점도 단순한 상상이 아니라, 정상적인 상황에 있는 모든 정상적인 인간들에게서 경험적으로 확인할 수 있는 사실이다.

우리를 불안하게 만드는 점은 이러한 전형적인 상황 앞에 놓인 입법자나 법관은 사물 그 자체에 놓여 있는, 이해관계와 기대를 둘러싼 이 갈등의 해결책을 찾아야만 하는데도 불구하고 이해관계들이 서로 일치하는 부분은 극히 제한적일 뿐, 각각의 관점에 비추어 볼 때 이해관계가 서로 대립하는 경우가 대부분이라는 사실이다. 즉, 설령 아이가 살 수 있는 경우라 할지라도 아이 또는 자신의 배우자인 엄마 가운데 어느 한쪽만이 계속 살 수밖에 없는 아버지의 경우든, 어느 한쪽의 생명을 포기하여 다른 한쪽만을 구출할 수밖에 없는 의사의 경우든 이해관계들이 서로 모순되는 상황에 처해 있다. 다시 말해 '걸려 있는' 모든 이해관계와 기대들의 '공통분모'를 찾을 수 있는 해결책이 전혀 없는 상황, 어떠한 '타협'도 있을 수 없는 상황이 존재한다. 자신의 이해관계를 완전히 '희생'해야 하는 이러한 상황에서는 갈등을 겪는 이해관계들의 조정이란 불가능하다. 그리하여 이러한 상황에서는 상대적으로만 의미를 갖는 임시변통의 해결책만이 가능할 뿐이다. 즉, 이 상황에 걸려 있는 여러 가지 이해관계들을 각 이해관계의 실존적 비중에 따라, 다시 말해 각 이해관계가 엄마, 아이, 아버지, 의사 그리고 사회 전체 등의 각 관련 당사자들이 보존조건과 발현조건으로서 갖고 있는 의미에 따라 평가하여 최대한 정당하게 어느 하나를 선택하는 결단을 내릴 수 있을 뿐이다.

수수방관하면서 엄마와 아이 모두 죽게 내버려 둔다면 어떠한 이해관계에도 기여하지 못하기 때문에 그와 같은 경우 아직 스스로 생명을 유지할 수 없는 태아를 제거하는 것은 오성능력과 이성능력을 갖고 판단을 할 수 있는 사람이라면 누구나 의미가 있고 가치에 부합하는 유일한 해결책으로 여길 것이다. 왜냐하면 관련된 제3자인 의사조차도 이와는 다른 해결책에 대해서는 스스로도 납득할 수 있고 다른 사람들도 수긍할 수 있는 이해관계를 갖지 않을 것이기 때문이다. 물론 이 상황과 전혀 관련이 없는 제3자인 사회는 이러한 특수한 상황을 어떻게 하면 삶에 온당하게 해결한 것인지를 전혀 고려하지 않은 채, 특정한 명령 또는 금지가 갖는 '절대적 효력'에 대한 극히 추상적이고 일반적인 이해관계만을 주장할 수도 있다.

그러나 이해관계와 기대들이 겪는 그와 같은 갈등에 대한 결단은 결코 단지 특정한 상황의 특수한 사물의 본성으로 인해서만 가능해지는 것이 아니라, 이를 뛰어넘는 훨씬 더 포괄적인 의미의 '자연(본성)', 즉 인간과 인간 사이의 관계에 따른 인간에 대한 보편적 규정, 세계 속에서의 인간의 상황 자체로 인해 가능해진다. 그렇기 때문에 언제나 구체적인 상황의 지평을 초월하는 물음이 제기된다. 우리가 보기로 삼은 상황에서는 다음과 같은 물음이 제기된다. 즉, 인간은 사물의 자연적 과정이 흐르는 대로 그저 내버려 두어야 하기에 엄마와 아이 모두 죽게 내버려 두어야 하는가 아니면 자연적 과정, 심지어 신이 의도하거나 최소한 신이 용인한 과정에까지도 적극적으로 개입하여 이 상황에서 어떤 도움을 주는 것이 인간의 **규정**인가? 이 물음에 대한 대답은 이렇다. 즉, 이 세계가 분명 자연 또는 심지어 신에 의해 끔찍한 상황에 처한 경우일지라도, 다시 말해 세계가 비인간적으로 되는 경우일지라도 인간성을 발휘하는 것이 곧 인간의 **규정**이라는 통찰을 통해 도움을 주어야 한다.

이는 곧 사물의 본성에 내재하는 그와 같은 이해관계의 갈등을 해결하기 위한 척도가 궁극적으로 인간 자신의 손에 달려 있을 수밖에 없다는 것을 뜻한다. 다시 말해 인간이 자신에 대한 규정으로 여기는 것 그리고 인간에게 이미 주어져 있고 또한 해결하도록 과제로 부과되어 있는 세계현실에 비추어 무엇이 인간에게 부합하고 무엇이 그렇지 않은지를 성찰하면서 인간이 그때그때의 역사적 상황에서 찾아낼 수 있는 것에 달려 있을 뿐이다. 이 점에서 우리가 보기로 삼고 있는 임신중절의 상황에서 최소한 한 남편의 아내이자 다른 아이들의 엄마인 임신부를 구할 수 있음에도 불구하고 의사는 전혀 개입을 해서는 안 되고 엄마와 아이 모두 그저 죽게 내버려 두어야 한다고 하는 카톨릭 도덕신학처럼 구체적 갈등상황을 고려하지 않은 채, "사람을 죽이지 말라!"라는 추상적인 절대적 명령만을 부르짖는 것은 오늘날에는 인간성을 발휘하라는 인간의 규정에 더 이상 부합하지 않는다고 생각한다. 카톨릭 도덕신학의 그와 같은 주장에 따른다면, 인간 그 자신을 통해(즉, 부작위를 통해) 필연적으로 죽음을 맞이해야만 하는 것은 아니었던 엄마가 죽게 되더라도 상관이 없다는 것이고, 더욱이 이러한 결과를 자연 또는 신의 절대적 명령이라고 주장하는 규범을 원용하여 정당화한다. 그러나 그와 같은 상황이 세계 내에 존재하고 있고, 과거에도 이미 존재했었으며, 인간이 살아 있는 한 앞으로도 존재할 것이라는 사실은 그것이 설령 '자연적으로' 또는 '신에 의한' 것일지라도 우리에게는 불법으로 여겨질 뿐이다.

세계 내의 이러한 재난과 불법을 그저 있는 그대로 받아들이거나 재난과 불법이 증폭되도록 내버려 두는 것이 아니라, 재난을 치유하고 불법을 감소시키는 것이 인간의 **규정**임에 틀림없다. 이를 통해 인간이 할 수 있는 곳에서는 언제나 이 세계를 인간다운 세계로 바꾸는 것이 인간의 **규정**인 것이다.

이를 위해서는 인간이 행위하고 추구하는 모든 영역에서 예컨대 법관 또는 의사로서, 형제 또는 배우자로서, 매수인 또는 매도인으로서(즉 우리가 '로서의 존재'라고 이름 붙였던 그러한 존재로서)와 같은 특정한 어느 누구로서 인간의 본질을 추구하게 되는 구체적 상태의 특수한 본성을 충족시켜야 할 뿐만 아니라, 이와 동시에 인간 그 자신으로서 그리고 인간 그 자체로서 갖게 되는 인간의 보편적 소명에 부응하고 이를 거스르지 않아야 한다는 것도 요구된다.

하지만 인간들 사이에서 펼쳐지는 모든 상황은 그 상황에 관련된 모든 인간들에게 특정한 어느 누구로서의 인간의 구체적 실존을 초월하는 이중의 기능적 의미와 의의(Bewandtnis und Bedeutung)를 갖는다. 첫째, 각각의 상황은 각 당사자에게 세계 내에서의 그 자신의 실존이 갖는 유한성과 역사성의 상황이라는, 당사자 그 자신에게만 해당되는 가장 고유한 기능적 의미와 의의를 갖는다. 다시 말해 어떤 다른 '타자'가 아닌, 바로 그 자신의 삶의 길이 갖는 유한성과 역사성으로서 그 기능적 의미와 의의를 갖게 된다. 이러한 사실은 모든 실존적 상황에 대해 어떤 다른 '타자'가 아니라, 바로 자기 자신을 향한 존재라는, 인간의 근원적 규정에 따라 자기존재의 가능성의 조건이라는 실존론적 성격을 부여한다. 둘째, 그렇지만 인간 사이의 모든 상황은 언제나 첫 번째와는 전혀 다르지만, 개별적인 상황 자체를 뛰어넘는, 그 자체로 독자적이고 근원적인 의미도 갖고 있다. 즉, 인간 사이의 상황은 인간 일반－이 인간 일반은 상황에 따라 부분적으로만, 즉 때로는 남편과 아내로서, 때로는 선생과 제자로서, 때로는 판사와 피고인으로서 실존한다－과 관련하여 인간적인 것 그 자체를 완전히 발현하는 가운데 한 상황이 가질 수 있는 보편적인 기능적 의미와 의의도 갖고 있다. 인간이 개별적인 인간을 뛰어넘어 존재할 수 있는 이러한 가능성은 "인간이 다른 인간과 통합"되는 가운데, "인간이 다른 인간과 공동체를 형성"(포이어바흐)하는 가운데, 다시 말해 인간들 사이에서 비로소 역사적으로 형성되어 간다.[2] 따라서 어떤 '다른 것'이 아니라, 인간 일반으로서의 존재라고 하는, 자기존재와 똑같이 근원적인 인간의 규정에 관한 모든 실존적 상황은 동시에 인간존재 일반이 가능하기 위한 조건이라는 실존론적 성격도 갖는다.[3)]

---

2) 이에 관한 구체적 내용은 Maihofer, Konkrete Existenz, a.a.O., 특히 S. 253ff., S. 273f. 참고.

3) 법도 자기존재와 인간존재라는, 구체적 상황의 지평을 초월하는 의미규정을 향해 문을 열어두고 있어야 한다. 따라서 법은 실존적 상황의 특수한 (사물의) 본성에 상응하는 특수한 권리와 의무를 인간의 '로서의 존재', 즉 특정한 역할이나 특정한 상태에서 특정한 어느 누구로서의 존재가 가능하기 위한 조건을 제도적으로 포착하려고 해야 할 뿐만 아니라, 인간이 모든 상황에서 그의 규정에 따라 그 자신(칸트식으로 말하자면 '목적 그 자체')이 될 수 있고 또한 그 자신으로 남아 있을 수 있도록 보장하기도 해야 한다. 이는 곧 우리가 왜 각 개인에게 인간 사이의 모든 관계 속에서 '인격을 자유롭게 발현'할 (기본)권리를 타인들 속에서 자기존재가 가능할 수 있는 조건으로 보장하는지에 대한 존재론적 근거이다. 법은 또한 인간이 모든 실존적 상황에서 –즉, 법관 앞에서의 피고인으로서든 또는 교도관 앞에서의 수형자로서든– 그 무엇보다도 인간으로 존재하고 인간으로 남을 수 있도록 보장해야 한다. 이는 무엇이 인간적인 것에 속하는가에 대한 근본적 규정, 인권협약, 시민권목록, 생명과 건강에 대한 기본권, 자유와 명예, 소유권과 노동에 대한 기본권 등을 통해 인간들 속에서 모든 인간존재가 가능할 수 있는 조건으로 포착하려고 노력하고 있다. 이와 관련하여 상황에 따른 관계의 구조에 내재하는 특수한 본성과 인격이 갖고 있는, 상황을 초월하는 보편적 규정 사이의 변증법에 대해서는 Maihofer, Ordnung und Gesellschaft, in: Das Problem der Ordnung, herausgegeben von H.

우리는 '로서의 존재'에 대한 각각의 규정을 미리 지정하며 동시에 자기존재에게 근원적인 자유를 부여하고 인간 사이의 모든 관계 속에서 인간존재에게 과제를 부여함으로써 때로는 사물의 특수한 본성을, 때로는 인간의 보편적 규정을 원용하면서 이처럼 세계 내 인간의 구체적인 본질적 실존에 상응하는 것, 즉 그러한 실존에 속하고 또한 그러한 실존에 부합하는 것이 무엇인지를 역사적으로 확인하고자 시도한다. 이를 통해 인간의 구체적인 본질적 실존을 어떠한 의혹으로부터도 차단하고, 필요하다면 어떠한 폭력에 대항해서라도 관철시키고자 한다. 어떤 행위규범이나 어떤 관계의 구조 또는 어떤 질서의 체계는 사물의 특수한 본성이나 인간에 대한 보편적 규정에 부합하기도 하고 부합하지 않기도 한다. 바로 이러한 경험 때문에 우리는 지금 효력을 갖고 있는 것과 지금 있는 것을 영원히 사물의 특수한 본성과 인간에 대한 보편적 규정으로 받아들이기보다는, 기존에 효력을 갖고 있는 것이 현재와 미래의 인간에게 더 이상 올바른 것이 아닐 수 있는 경우라면 신중하면서도 또한 결코 현혹되지 않고 기존의 것을 개선하기 위해 끝없이 노력하

Kuhn und FR. Wiedemann, 1962, S. 315ff, 특히 S, 321ff. 참고.

게 되는 것이다.

하지만 인간에게 부합하고 인간에게 합당한 것을 찾아내고 이를 실천하기 위해 왜 세계 내에서의 인간의 규정을 원용해야 할 필요가 있는가? 그저 이러한 세계의 자연적 질서를 분명히 확인하고, 법의 실정성을 통해 그러한 질서를 보장하는 것만으로 충분하지 않을까?

III 비인간적인 세계로 '던져져 있음': 법의 근거

앞에서 다루었던 사례에서 분명하게 알 수 있듯이, 세계 내의 인간은 그러한 갈등상황에 '던져졌다.' 즉, 그러한 갈등상황을 인간이 만들어낸 것도 아니며, 또한 그러한 갈등상황으로부터 인간이 벗어날 수도 없다. 현실의 구조 자체가 모순투성이고, 끔찍하며 재난으로 가득 차 있는 것이다. 바로 이러한 현실의 구조가 세계 내의 모든 법의 근거이다. 즉, 이미 헤라클레이토스가 간파했듯이 법은 투쟁(eris)이며, 대립하는 것들 사이의 논쟁(polemos)이다. 하지만 질병이 없다면 의학이나 의사가 있을 수 없듯이, 인간의 공동생활에서 다툼이 없다면 법학과 법률가도 있을 수 없다는 이 상식적인 통찰은 우리를 극히 불안하게 만드는 배경을 지니고 있다.

모든 법의 근거가 서로 대립하는 것들 사이의 논쟁, 이해관계와 기대들의 투쟁과 모순이라는 사실을 깨닫는 순간 곧바로 다음과 같은 물음이 제기된다. 즉, 현실 속에서 등장하는 이 기이한 '투쟁', 인간들 사이의 이 끝없는 다툼 그 자체는 다시 어디에 근거하고 있는가?

이 물음에 대해 칸트는 그의 철학적 인간학의 개요를 서술[1]하는 가운데 인간에 대한 기존의 모든 본질철학적 고찰의 특성이자 그 결론에 해당하는 대답을 주고 있다. 그것은 바로 인간의 '비사교적 사교성'이다. 칸트가 보기에 인간의 세계 전체를 지배하고 있는, 이 기이한 투쟁과 반목의 근거는 인간이 '본성적'으로 '타인과 교류하려는' 성향을 감지하지만 ―왜냐하면 인간은 타인과의 교류 속에서 그 자신을 뛰어넘는 인간존재가 된다고 느끼기 때문에, 동시에 이와 정반대되는 성향, 즉 '스스로를 고립시키고', 모든 것을 '자신의 뜻대로' 행하고, 자신의 관점에서 모든 것을 고찰, 판단, 처리하고자 하는 성향도 갖고 있다고 한다. 그리하여 인간들 사이에는 각자가 자신에게 무엇이 이익 또는 손해가 되는지에 관한 관점들을 둘러싸고 '대립과 충돌(Antagonismus)'이 발생한다고 한다. 인간들로 하여금 모순과 투쟁

1) Kant, Idee zu einer allgemeinen Geschichte in weltbürgerlicher Absicht, a.a.O. S. 15ff., 특히 S. 20ff.

을 겪게 하는 이 대립과 충돌이 곧 모든 분쟁의 근거가 되며, 또한 모든 법의 근거가 되기도 한다는 것이다.

칸트는 어떤 '악령'이 아니라, 조물주 스스로 인간에게 이러한 비사교적 성격을 함께 심어 놓았으며, 이를 통해 인간의 모든 역량이 서로 대립하고 반목하도록 만들어 인간에 내재하는 '자연적 소질'이 최대한 '완벽하고 목적에 맞게 펼쳐지도록' 했다고 생각한다. 그래서 칸트는 "서로 화합하지 못하도록 만들어 준 자연에게 감사하노라!"고 외친다. 즉, 인간으로 하여금 '그칠 줄 모르고 무엇인가를 소유하거나 타인을 지배하려는 끝없는 욕망'을 갖게 만들고 질투심에 가득 차 경쟁을 일삼게 하는 교만에 대해 감사하고, 훗날 니체가 모든 인간을 철두철미 규정하고 있는 원칙이라고 주장한,[2] 더 많은 것(권력)을 향한 부단한 의지에 대해 감사한다. 따라서 칸트에 따르면 모든 투쟁 및 모든 법은 비사교적 사교성, 대립과 반목이라는 인간의 본성 그 자체에 근거한다고 한다. 다시 말해 투쟁과 법은 곧 인간의 본질 그 자체에 근거한다는 것이다. 인간을 '원죄를 범

---

2) 이에 관해서는 Maihofer, Vom Sinn menschlicher Ordnung, S. 25ff. 참고.

한' 존재로 파악하는 서양의 기독교적 인간관으로 이해되기 쉬운 이러한 대답이 과연 오늘날의 우리에게도 만족할 만한 대답이 될 수 있을 것인가?

과연 그와 같은 모든 대립과 충돌의 궁극적인 근거는 실제로 자연에 의해 그렇게 만들어졌거나 신이 그렇게 심어 놓은, 인간의 본질적 실체에 있는 것인가? 다시 말해 모든 해악과 모든 투쟁 그리고 모든 법의 근거는 과연 이러한 인간의 불완전성, 인간이 갖고 있는 타락하고 악한 성격, 인간의 '자기중심성'[3]인 것인가?

---

3) 기독교 신학은 오로지 '자기자신 속에 갇혀 있는' 이러한 '자기중심성'을 '모든 죄악의 근원'으로 이해한다. 전반적으로는 이러한 전통적 이해를 상당부분 극복한 신학적 인간학을 전개한 볼파트 판넨베르크의 저작(Wolfhart Pannenberg, Was ist der Mensch? Die Anthropologie der Gegenwart im Lichte der Theologie, 1962, 특히 S. 40ff.)에도 이와 같은 인간관이 드러나 있다. 판넨베르크는 '자기 자신과 자신의 소유세계에만 갇혀 있는 자기성'이 인간을 '무한히 인간적인 규정'(신) 속으로 향하게 하는 '세계개방성'과 '반목'하는 것이 곧 '죄악'이라고 파악한다(a.a.O., S. 46f.). 그렇지만 판넨베르크는 인간이 자신을 개방해야 할 이러한 세계 자체가 이미 "타락한 세계", "악마의 여관"(루터)이어서 인간이 설령 근원적으로 비인간적인 이 세계에서 스스로를 인간의 규정을 향해 개방할지라도 '실패'할 수밖에 없는 것은 아닌지, 즉 기독교식으로 표현하면 '죄악을 범할' 수밖에 없는 것은 아닌지에 대해서는 물

그러나 오늘날의 우리는 상황을 이런 식으로 볼 수는 없다.

우리는 가장 사악한 악령마저도 그 이상 완벽하고 그 이상 파멸적일 수 없을 정도로 극악한 잔혹성을 지닌 자연 세계의 끔찍함을 갈수록 깊이 깨달아 가면서 우리가 전통적으로 갖고 있던 신에 대한 관념에 대해서도 의문을 품게 되었다. 그리하여 인간의 세계를 조금만 바라보아도 이 세계에서 작용하고, 인간마저도 제 손아귀에 장악하고 있는 법칙성이 갖고 있는 잔혹성과 섬뜩함에 몸을 떨게 된다. 우리의 세계에서는 앞서 말한 인공임신중절과 같은 상황, 즉 결코 말끔한 해결책은 존재하지 않고, 그저 불법의 정도에 차이가 있을 뿐인 상황이 거의 날마다 되풀이되고 있다. 다시 말해 인간 사이에는, 예컨대 카르네아데스(Karneades－역주*)의 사례에서 뚜렷하게 볼

음을 제기하지 않는다(이에 관해서는 보론 I 참고).

* 그리스 철학자 카르네아데스는 다음과 같은 가상의 사례를 제시하여 철학적 사유를 펼쳤다. 즉, 선박이 난파되어 두 사람이 조난을 당한 상태에서 한 사람만이 붙잡고 있을 수 있는 널빤지가 떠 있는 경우 살아남기 위해 한 사람이 다른 사람을 죽인 경우, 그의 행위가 살인에 해당하는지 아니면 정당한 행위로 인정되는지를 묻는다. 이 사례를 '카르네아데스의 널빤지'라고 부른다－옮긴이.

수 있듯이, 그저 죽일 것이냐 죽임을 당할 것이냐가 문제될 뿐인 상황이 존재한다. 이 모든 점들에 비추어 볼 때, 칸트가 주장하는 것처럼 대립과 충돌을 일삼는 인간본성의 진정한 근거는 분명 세계의 구조 자체에 있으며, 인간의 본성은 세계가 갖고 있는 대립과 충돌을 그저 충실히 반영한 것에 불과할 뿐이다.

커다란 사고가 발생할 위험이 있는 순간(예를 들어 한 아이가 우리가 보는 앞에서 물에 빠진 경우)과 같은 일상의 긴급상태에서조차도 아이의 생명을 구하는 일은 원칙적으로 구출을 하려는 사람이 자신의 생명이나 건강에 대한 위험을 감수하거나, 최소한 자신의 노력과 시간을 희생할 때에만 비로소 가능하다는 이 기이한 사실은 바로 현실 그 자체의 구조에 기인한 것이다.

따라서 인간의 무능력과 불완전성, 서로 화합하지 못하는 속성 또는 심지어 인간의 악한 속성 때문에 우리가 타인의 이익을 옹호하거나 그를 대신하여 타인의 이익을 지켜주게 되는 경우에는 우리 자신의 이익에 대한 위험을 감수해야만 하고, 그럴 때에 비로소 우리의 사교적 성향과 비사교적 성향이 서로 대립하는 상황에 처할 수 있게 되는 것이 아니다. 오히려 한 사람의 행복이 다른 사람의 불행이 되는 이 기이한 상태는 세계의 구조 자체에 근거하고 있다고 보인다.

매도인이나 매수인으로서 또는 의사나 환자로서의 역할처럼 인간 사이의 일상적인 만남에서 언제나 서로 대립되는 관점들이 작용을 한다. 즉, 물건값이 너무 싸서 매수인이 이익을 얻으면 반드시 매도인은 손해를 보게 되어 있으며, 의사의 설명의무를 지나치게 확장하거나 축소하게 되면 의사나 환자 어느 한쪽의 관점에서는 이익이 되지만, 다른 한쪽의 관점에서는 손해가 되기 마련이다. 이처럼 각자의 이해관계가 서로 대립하고 충돌하는 상황에서 이해관계에 관한 쌍방의 관점을 포괄하는 어떤 공통분모를 찾을 수만 있다면, 그것은 아주 말끔하고 순수한 해결책이 될 것이다. 그러나 우리가 인공임신중절의 사례에서 보았듯이 완전히 모순되고 대립적인 구조를 가진 상황에서는 인간이 아무리 노력할지라도 그와 같은 순수한 해결책을 찾을 수 없다.

그 이유는 인간이 불완전하고 '타락한' 존재여서가 아니라, 인간이 그러한 구조를 지닌 현실 속으로 '던져졌기' 때문이며, 현실이 그렇게 된 데에 대해 인간은 어떠한 책임도 없으며, 그러한 현실을 인간 스스로 만들어낸 것도 아니다.

이렇게 볼 때, 모든 법의 궁극적 근거는 칸트가 말하는, 인간의 대립적 본성이 아니라, 세계 자체가 대립과 모순 그리고 역설로 가득 찬 구조를 갖고 있다는 데 있다. 그렇다면 우리는 또 다시 우리를 불안하게 만드는 물음 앞에 서게 된다. 즉, 역사적 존재인 인간이 처해 있는 세계 자체의 그러한 구조는 도대체 어디에 근거한 것인가?

이 물음에 대답하기 위한 신학적 설명, 즉 세계는 인간의 '원죄'로 말미암아 타락의 길을 걷게 되는 근본적 변화를 겪었다는 설명은 오늘날의 우리에게는 더 이상 설득력을 갖지 못한다.[4] 즉, 기독교 신학에서 말하는 이른바 원죄가

---

4) 현재의 '타락한 세계'와는 다른 상태가 예전에 언젠가 실제로 존재했었다고 볼 수 있는지 또는 '현재상태'가 인간의 '원죄'라는 역사적 사실에 그 역사적-인과적 원인이 있다고 볼 수 있는지는 오늘날의 신학적 논의에서도 분명하게 대답하기 어려운 문제이다. 예를 들어 파울 틸리히(Paul Tillich, Systematische Theologie, Bd. II, 1958, S. 48)는 인간과 자연이 원래는 선했다가 어느 시점에서부턴가 악해졌다는 '생각'은 완전히 '말도 안 되는' 것이라고 한다. 틸리히는 사람들이 흔히 갖고 있는 이러한 가정은 "경험으로부터든, 계시로부터든 결코 근거지을 수 없다"고 단언한다. 그 때문에 틸리히로서는 '타락 이전의 아담'과 '저주 이전의 자연'은 순전히 '잠재성'일 뿐, 결코 '현재적인 상태'가 아니다. 따라서 틸리히와 같은 견해에서는 현실적으로 무수한 모순과 대립으로 가득 찬 '타락한' 세계, '소외된' 세

저질러지기 이전에는 '사악한' 속성의 물이 없어서 인간이 물에 빠져 죽을 일이 없었으며, '악한' 속성의 돌이 없어서 인간이 돌에 맞아 죽을 일도 없었다는 식으로 생각하는 것은 이제 더 이상 가능할 수 없다. 또는 우리가 보기로 든 임신중절의 사례와 관련시켜 보면, 원죄 이전의 세계에서는 생명체가 태어나거나 죽지도 않았고 또는 임신 중에 죽어가는 일도 없었다고 생각할 수는 없는 노릇이다. 더욱이 '긍정적인 것'과 '부정적인 것', '매력적인 것'과 '거부감을 일으키는 것', '우호적인 것'과 '적대적인 것' 등등 수많은 대립관계가 전혀 없는 세계의 구조가 있을 수 있다는 것 또한 믿지 못할 일이다. 물론 어떤 다른 '우주'나 우리가 살고 있는 우주의 어떤 다른 '행성'

계 이외의 또 다른 세계란 존재하지 않는다. 인간의 실존은 바로 이러한 세계로 던져져 있는 것이다. 그리고 이미 있었던 과거의 현실 이외의 다른 현실 또한 있을 수 없다. 이 지점에서 틸리히는 존재론적으로 보면 "창조와 타락은 일치한다"는 테제를 제기하는데, 이 테제는 "근원적인 창조라는 잠재적인 것 자체가 현재적이 된 시간과 공간은 어느 순간에도 존재하지 않았음"(a.a.O. S. 51)을 뜻할 뿐만 아니라, '최초의 인간'을 포함한 모든 인간은 '전체 우주가 그렇듯이' 어떤 '다른' 세계가 아니라, 우리의 이 세계 속에서 언제나 현재적으로 '실존의 상태'에 있으며, "그렇지 않았던 시간은 결코 존재한 적이 없다"(a.a.O. S. 48)는 점을 뜻하기도 한다.

에 그러한 세계가 있을지도 모른다. 하지만 이 지구상의 어느 곳에서도 과거나 현재에 그런 '유토피아'가 존재한 적이 없고, 앞으로도 존재하지 않을 것이다.[5)]

그렇다면 서로 대립하고 서로 모순되는 이 세계의 구조, 즉 세계 내의 모든 불행과 악의 근원인 이 구조가 어떻게 '선한' 신, '사랑의 신'에 기인한다고 할 수 있단 말인가?[6)]

---

5) 타락 이전 및 최후의 심판 이후의 창조에 대해서도 틸리히는 다음과 같이 말한다. "과거에 '유토피아'가 존재한 적이 없는 것과 마찬가지로 미래에도 '유토피아'는 존재하지 않는다"(a.a.O. S. 51f.).

6) 신학적으로 볼 때 "창조와 타락은 일치하고", 따라서 "실현된 창조와 소외된 실존은 실질적으로 동일하다"(Tillich, a.a.O. S. 52)는 전제에서 출발하게 되면, 이 세계의 조물주인 신이 세계를 '타락한 세계'로 창조했고, 세계를 '소외된' 세계와는 다른 어떤 것으로 실현하지 않았다는 점을 어떻게 이해해야 하는가 라는 물음이 제기된다. 우리 식으로 표현하면, 기독교적 이해에 따르면 인격적인 존재인 신이 인간이 던져져 있는 이 비인간적인 세계의 원인이자 동시에 그에 대해 책임이 있다는 점을 어떻게 이해해야 하는가 라는 물음이 제기된다. 이 비인간적인 세계에서는 인간이 자신에게 계시된 신의 명령과 신의 '무한한 규정'을 이행할 수 없을 뿐만 아니라, 인간의 유한한 자연적 규정조차도 더 이상 충족할 수 없고, 심지어 인간이 비인간적으로 행동하고 이로써 자신의 고유한 규정까지도 부정할 수밖에 없는 상황이 존재한다. 우리 세계의 현실이 갖는 이 모든 대립과 역설 그리고 그에 따른 불행과 악을 어떻게 세계의 창조

엄마가 아이를 죽게 내버려둘 수밖에 없는 또는 아이가 엄마를 죽이는 상황보다 더 끔찍하고 비인간적인 상황이 있단 말인가? 적나라한 권력을 가진 자가 한 개인 또는 한 집단 전체를 자기 멋대로 공격하고 살해하는 상황보다 더 끔찍한 상황이 있단 말인가? 그럼에도 우리의 세계의 현실적인 구조에 비추어 보면 살인과 전쟁은 가능할 뿐만 아니라, 일상적이기도 하다. 왜 '현실 속에 있는' 정신과 법은 권력에 대해 그렇게 무력할 뿐인가? 왜 기만과 폭력과 같은 이 세계의 '악'은 최소한 순간적으로나마 '참으로' 효력을 발휘한단 말인가? 인간이 던져진 곳은 참으로 기이한 세계이다. 소크라테스는 정의로운 것이 '그 본성상' 항상 유용한 것이라고 말했다. 하지만 우리는 그 어느 때보다도 소크라테스의 이 말이 전혀 믿을 수 없는, 그저 순간을 모면하기 위한 거짓말로 여겨지는, 그러한 세계 속에 살고 있다.

자인 신에 기인한다고 볼 수 있단 말인가? 이렇게 볼 때, 우리의 물음은 다음과 같은 변신론(Theodizee)의 물음과 똑같다. "도대체 최소한의 의미도 찾아볼 수 없는 현실에 비추어 어떻게 전능한 신을 정당화(theodike)할 수 있는가?"(Tillich, Systematische Theologie, Bd. I., 1956, S. 309). 즉, 우리는 이 세계에서 그저 수많은 부조리와 모순만을 발견할 수 있을 뿐인가?(이에 관해서는 보론 II 참고).

이러한 세계로부터는 인간적인 질서와 인간에 부합하는 결단을 위한 지침을 얻을 수 없다. 그렇다면 과연 어디로부터 그러한 지침을 얻어야 한단 말인가?

Ⅳ 인간의 결정을 향한 '기획': 법의 척도

인간의 현존재가 갖는 의미와 그 의미 있는 질서에 대한 물음을 개인의 사적인 문제로 치부해 버리는 실증주의와는 달리, 오늘날 우리에게 자연법에 대한 물음은 곧 근본적으로 재난으로 가득 차 있고, 끔찍하고도 비인간적인 이 세계에서 인간의 현존재와 현존재의 의미 있는 질서에 대한 공적인 물음이다. 이 물음은 모든 세대가 늘 새롭게 제기하고 그 물음의 중요성을 새롭게 확인하도록 호소해야 마땅한 물음이며, 인간을 위해 인간에 의해 인간에게 제기되는 물음이다.

다양한 이름으로 인간의 정신사를 관류해 왔던 이 물음이 입을 다문 곳에서도, 인간은 미래를 그저 맹목적인 우연과 노골적인 자의에 내맡긴 존재가 아니라, 다른 인간과 공존하는 가운데 인간의 존엄에 상응하고 삶의 가치가 있는 현존재라는 지도상에 한 걸음이라도 더 가까이 다가

가려는 부단한 노력을 통해 미래를 기획하는 존재가 되도록 스스로에게 과제를 부여한다.[1] 청년 맑스가 제기한 소극적인 '정언명령', 즉 "인간이 굴종과 예속, 고독과 경멸에 시달리는 존재가 되

1) 자연법이 갖고 있는 이 결정적인 역사적 의도와 기능은 에른스트 블로호(Ernst Bloch, Naturrecht und menschliche Würde, 1961)에게서 설득력 있게 표현되어 있다. 블로호에 따르면 "자연법적 관심사는 과거이든 현재이든 … 법으로서 올바른 어떤 것을 추구하는 일이며, 따라서 자연법은 인격들이 존중하는 대상이자 인격들의 집단 속에서 주목의 대상이 된다"(S. 237)고 한다. 따라서 블로호 역시 '인간에 대한 말살을 폐지'함으로써 '올바른 길을 확립'하고, 이로써 '인간의 안전과 자유에 대한 법적 보장'을 통해 '인간의 존엄'을 달성하는 것을 자연법의 기능으로 본다(S. 12). 그리고 이 점에서 '인간의 곤궁을 폐지하여', '인간의 행복'을 달성하는 것을 목표로 삼는 '사회주의 유토피아'와는 구별된다고 한다(S. 234). 하지만 변증법적 유물론의 관점에서 자연법의 문제에 대한 새로운 접근방법을 제시하는 블로호의 이 이론에서 결정적인 측면은 자연법과 사회주의 유토피아가 각각 갖고 있는 의도와 기능의 차이점이 아니라, "사회주의 유토피아적 의도가 펼쳐지는 영역과 자연법적 의도가 펼쳐지는 영역의 차이점이 기능적으로는 결국 서로 결합되어 있는 것으로 파악하고, 실천적으로 양자의 차이가 지양된 것으로 파악"해야 할 '때'가 왔다는 인식이 처음으로 밝혀져 있다는 사실이다. 즉, "곤궁의 종식이 없이는 인간의 존엄이란 있을 수 없을 뿐만 아니라, 역으로 예전부터 있어 왔던 그리고 새롭게 나타나는 예속의 종식이 없이는 인간다운 행복 또한 있을 수 없다는 너무나도 확실한 인식"(S. 237)이 결정적인 의미를 갖는다.

는 모든 상황"[2] 그리고 기아와 빈곤에 시달리는 모든 상황을 폐기하라는 명령과 "인간은 인간에 대한 최고의 존재이다"[3]라는 포이어바흐의 이론에서 시작된 모든 사회적 휴머니즘의 적극적 정언명령에 따라 우리는 근원적으로 비인간적인 이 세계를 최대한 '인간다운 세계'로 변혁하고, 그리하여 인간이 모든 관점에서 인간의 존엄에 상응하고 삶의 가치가 있는 생활을 영위할 자유를 누리는 상태를 창출하는 것을 최우선적인 목표로 삼는다. 물론 우리가 이 목표에 가까이 '다가가는 것' 말고, 이를 완벽하게 실현할 수 있다는 식의 환상을 갖고 있지는 않다. 이렇게 해야만 '인간의 모든 관계가 인간답게 됨으로써' 이 지구상에서 인간들이 함께 살고 서로 영향을 주고받는 일에 '인간적인 사회의 형태'를 갖출 수 있게 되며, 이로써 '인간적 발전이라는 참된 목표'에 도달할 수 있다. 맑스 자신에게도 '공산주의'는 단지 그러한 목표에 도달하기 위한 수단으로 여겨졌을 뿐이다.[4]

---

2) Karl Marx, Kritik der Hegelschen Rechtsphilosophie, Frühschriften, Ausgabe Landshut(Kröner), 1953, S. 216.

3) 맑스 역시 "인간은 인간에 대하여 신이다"는 포이어바흐의 테제를 출발점으로 삼아 같은 생각을 펼치고 있다(Marx, a.a.O.). 이에 관해서는 Maihofer, Konkrete Existenz, a.a.O., S. 276 참고.

이렇게 볼 때, 우리가 자연법, 즉 사물의 본성 또는 인간의 본성이라고 부르는 것은 인간과 인간의 관계에 대한 역사적 본질규정의 기획이며, 이 기획의 실현을 위해 인간들은 모두 함께 부단한 노력을 기울여야 한다. 법률가 또한 입법자로서뿐만 아니라, 있는 법을 적용하고 지속적으로 발전시키는 법관으로서도－비록 '객관적 도덕률', '자연적 질서', '사물의 본성', '인간의 본질'과 같은 거창한 표현을 사용하지 않는다 할지라도－일상적으로 이러한 기획에 함께 참여하고 있다.

여러 가지 다른 표현으로 서술되기도 하고, 늘 원용되기도 하는 자연법은 이 자연법에 붙어있는 모든 외관상의 모습에도 불구하고 언제나 세계를 변화시키려는 의지의 역사적 표현이었고, 또한 오늘날에도 그렇다. 즉, 세계를 치유하고, 개선하며 세계를 더욱 인간답게 살아갈 가치가 있도록 만들려는 의지의 표현이다. 이 점은 고대

4) 이에 대해서는 맑스가 1844년에 집필한, 「국민경제학과 철학(Nationalökonimie und Philosophie)」의 파리 초고에 너무나도 분명하게 밝히고 있다: "공산주의는 곧 다가올 미래를 위해 필요한 형태이자 활기찬 원칙이다. 그러나 공산주의 그 자체가 인간적 발전의 목표는 아니다. 인간적 사회의 목표일 뿐이다"(a.a.O., S. 248).

그리스의 소피스트들의 철학적 계몽에서 근대 초기의 인문주의적 계몽에 이르기까지 모두 마찬가지였다.

왜냐하면 기존상태를 지속시키는 데에는 자연법을 원용할 필요가 없기 때문이다. 이를 위해서는 그저 기존의 질서와 기존의 결단이 갖는 실정성을 원용하는 것만으로 충분하다. 따라서 자연법을 원용할 때에는, 과거가 그대로 지속되는 것이 불가능하다는 통찰로부터 기존상태를 뛰어넘고자 하고, 그래서 기존상태를 단순히 이론적으로 설명하거나 정당화하는 것이 아니라, 이를 실천적으로 변경시키고자 하는 의지가 강렬하게 드러난다.

이에 반해 전통이라든가 심지어 '과거의 좋은 전통'이라는 실정성을 원용하는 것은 언제나 역사적으로 형성되어 온 상태를 고수하려는 것을 뜻한다. 다시 말해 인간이 역사로 응고된 본질기획, 즉 역사화된 인간규정에 단단히 얽매여 있다는 뜻이다. 따라서 그 이후의 의지, 심지어 '저항의지(니체)'마저도 그와 같은 역사적 본질기획과 인간규정, 즉 "옛날에는 그러했다"는 모든 확인에 대항할 때에는 '무기력'할 뿐이다. 그러나 우리의 의지가 어느 쪽을 향해 작용할 것인지는 이미 이루어진 역사가 아니라, 오로지 이루어지게 될 역사이며, 따라서 인간이 앞으로 그렇게 되어 갈 본질일 뿐이다. 그러므로 이미 이루어진 역사, 과거에 그러했던 본질을 끝없이 뛰어 넘으려는 의지, 더 나은 세계, 인간답게 살 가치가 있는 현존을 지상에 실현하기 위해 기존상태를 극복하려는 의지가 마비된 때에는, 개개의 인간들과 인간들로 구성된 사회는 이미 죽은 것과 다름 없으며, 그저 과거로부터 역사적으로 전승된 실체를 갉아먹으며 아무런 역사적 실존도 없이 살아가는 것에 불과하다. 왜냐하면 기존상태를 극복하려는 의지가 발현되기 위해서는 언제나 인간의 역사적 연원뿐만 아니라, 인간의 미래에 대한 지향까지도 함께 고려하는 삶을 필요로 하기 때문이다. 그러나 미래는 결코 그리고 어떠한 경우에도 단지 과거의 지속에 불과한 것이 아니다.

오늘날에도 단순히 기존의 질서와 이미 내려진 결단이라는, 현재로 솟아오른 과거인 실정성만을 원용하는 모든 시도들에 대항하여 우리가 '자연법'이라고 부르는 것을 원용하는 이유는 바로 이러한 관점에 근거한다. 물론 실정성도 결코 포기할 수 없는 결정적인 기능을 갖고 있다. 즉, 실정성은 미래를 향한 개방성을 보장해주며, 여전히 끔찍하고 불행하며 악으로 가득 찬 세계를 치유하고 개선하려는 끝없는 추구와 노력에 대해 이름을 부여해 준다. 그리고 이러한 추구와 노력이 아직 불확정적이고, 아직 근거가 없는 상태에서 이루어질 경우 이에 대해 합리적인 근거를 마련해 주는 것 또한 실정성의 기능이다.

인간의 규정과 사물의 본성에 합당하게 되는 질서와 결단에 대한 검증과 유지를 뜻하는 정의와 자유, 즉 자연법을 원용함으로써 우리가 의도하는 내용은 비록 '사회주의적 법칙성'이라는 전혀 다른 이름으로 등장하긴 하지만—동구의 사회주의 국가 이데올로기에서도 그대로 수행되고 있는 내용이다. 다만 우리 서구 자유주의 사회에서는 이미 처음부터 주어져 있는 인간규정이나 종국적으로 확정되어 있는 인간규정이란 존재하지 않으며, 따라서 역사적으로 무엇이 그러한 규정에 부합하는지 여부를 찾아내기 위해 단순히 이미 있는 것만을 근거로 내세울 수는 없다는 냉철한 인식이 갈수록 널리 확산되고 있다는 점에서 결정적인 차이가 있다.

우리의 정치적·경제적 역사와 관련된 모든 경험에 비추어 볼 때, 오늘날 우리는 인간사회의 발전이 사전에 미리 고정되어 있는 법칙에 따라 수행되거나, 사전에 예견 가능한 경향에 따라 수행되는 것이 아니라고 확신한다. 오히려 이 행성 위의 인간에게 선사된 세계 내에서의 시간 속에서 인간이 자기자신과 자신의 세계를 가지고 무엇을 만들어 낼 것인지에 관련해서는 인간이 처한 모든 관계와 그 관계들의 독자적인 법칙성이 아니라, 인간 자신이 가장 결정적이라고 확신한다. 이는 곧 우리에게 미래의 사회질서와 관련하여 최종적으로 확정된 지도상이란 존재할 수 없다는 것을 뜻한다. 따라서 계급이 없는 미래의 사회를 향한 종말론적인 비전을 통해 특정한 지도상에 고착되어, 그것의 실현이 역사적 필연성이라고 하면서, 인간의 의지가 없이도, 아니 인간의 의지에 대항해서 그와 같은 미래가 실현될 개연성이 높다고 주장하는 입장에는 동조할 수 없다.

서양 기독교 전통의 신학과 철학에 입각한 과거의 관념론적 본질형이상학을 대체하는 이러한 새로운 역사형이상학에 담긴, 미래지향적 관념론도 또한 오늘날의 우리에게는 과거의 관념론 못지않게 의심스러운 것이며, 인간에 대한 규정에 비추어 볼 때 이 또한 상당히 위험한 자기기만처럼 여겨진다. 역사란 우리에게 세계가 시작될 때부터 존재하고 있는 불변의 원현적(entelechial) 발전법칙에 따라 이미 정해져 있는 본질이 발현하는 것이 아니며, 세계정신의 진행과정에 내재하는 불변의 역사적 발전법칙에 따라 이미 정해져 있는 세계의 종착점을 향해 가는 발전도 아니다. 오히려 역사는 끝없이 새롭게 일어나는 사건이다. 물론 인간과 인간의 세계는 죽음이라고 하는 확실한 세계의 끝이 곧 다가오는 특정한 자연적 법칙성에 구속된다. 그러나 인간이 한 개인으로서 그리고 인류 전체의 한 구성원으로서 자신의 삶이라는 짧은 자연적 시간간격으로부터 무엇을 만들어 내는가는 결코 발전사나 창조사적으로 또는 구속사적(救贖史的)으로 미리 확정되어 있지 않다. 간단히 말해서, 인간이 이 세계를 꽃동산으로 만들 것인지 아니면 죽어버린 사막으로 만들 것인지는 오로지 인간 자신에게 달려 있을 뿐, 인간의 제반 관계가 갖는 발전법칙이나 사전에 정해져 있는 역사관정의 필연성은 발을 내밀 틈이 없다. 그러므로 인간은 그가 처해 있는 여러 관계들의 산물일 뿐만 아니라, 그러한 관계들의 생산자이기도 하며, 역사의 피해자일 뿐만 아니라, 역사의 행위자이기도 하다.

그러므로 이 끔찍하고 비인간적인 세계에서 인간이 오로지 인간 그 자신에게서 근거와 척도를 찾아낼 수 있는, 인간다운 질서를 인간 이외의(자연적인) 세계질서 속에서, 아니 필요하다면 그러한 세계질서에 대항해서라도 수립할 것인지는 전적으로 인간의 손에 달려 있다.[5] 인간이 그저 불완전하기 짝이 없는 인간 자신 때문만이 아니라, 세계의 구조 자체에도 기인하는 그 수많은 갈등들을 해결하기 위한 인간적 질서의 토대와 인간적 결단의 척도들과 관련하여 인간적인 질서의 토대와 인간적인 결단의 척도를 인간 그 자신 속에서 그리고 인간 그 자신을 위하여 찾아내야 하고, 그래야만 결코 동요하지 않고 부단히 목표에 '근접'하기 위해 노력하면서, 달리 피할 곳이 없이 그냥 이 유일한 세계로 하나씩 추방당한 (세계)시민들이 살고 있는, 지구라는 '둥근 표면' 위에서 모든 사람이 인간의 존엄에 상응하고 살 가치가 있는 실존을 영위할 수 있도록 보장해야 한다. 칸트가 예견한 것처럼 이 유일한 세계의 시민들은 실제로 '외적으로 서로 영향을 주고받는 관계에 있는' 정도가 갈수록 커져가고 있고,

---

5) 이런 맥락에서 이미 헤겔도 자연법에 대해 다음과 같이 말했다. "철학적인 법이론에서 통상적으로 사용되는 자연법이라는 표현은 이중적인 의미를 담고 있다. 즉, 직접적인 자연적 장식 속에 내재하고 있는 법을 뜻하기도 하고, 또는 사물의 본성, 즉 개념을 통해 규정되는 법을 뜻하는 경우도 있다." 사실상 "법과 법에 대한 모든 규정들은 오로지 자유로운 인격, 즉 자기결정에 기초하며, 이 점에서 법은 자연적 규정의 반대이다." (Hegel, System der Philosophie, §502).

이 점에서 칸트가 말한, '보편적 인간국가'의 시민[6]이라고 볼 여지가 더욱 높아져 가고 있다. 이러한 상황에서 인간이 인간다운 질서를 수립하기 위해 스스로를 돕는 것 이외에는 그 어느 것 그 어느 누구도 인간을 도와주지 않는다. 그렇다면 이 모든 내용들은 우리가 자연법이라고 부르는 것과 무슨 관련이 있는가?

오늘날 자연법은 예전에도 그랬듯이 개념, 공식, 명칭이지만, 다만 그 대상이 다르다. 즉 오늘날의 자연법은 인간이 과연 어디로 향해 가야 하는지에 대해 인간이 요구하고, 인간이 끊임없이 새롭게 확인해야 할 문제에 대한 개념, 공식, 명칭이다. 인간의 규정에 대한 인간의 자기성찰은 더 이상 한 개인이 혼자서 사적으로 수행하는 일이 아니다. 철학과 신학 그리고 오늘날의 과학에서도 그렇듯이 미래를 갖고 있는 인간이 존재하는 한, 언제나 인간 일반에 비추어 공적으로 성찰을 해왔고 앞으로도 그렇게 성찰하게 될 것

---

6) 일단은 자유와 안전을 그리고 이를 통해 모든 사람의 인간다운 삶을 보장하는, '세계시민적 결합'의 상태에 '지속적으로 접근'하는 문제에 대한 칸트의 순수한 자연법적인 사고에 관해서는 그의 저작, Zum ewigen Frieden(Akademieausgabe Bd. VIII)과 Metaphysik der Sitten, §62 참고.

이다. 이러한 점을 인간 스스로 확인하는 일은 인간의 모든 자기실현에 앞서 있고, 자기실현을 이끌며 자기실현과 함께한다. 이러한 자기확인 속에서 이론적으로든 실천적으로든 지금 여기에서의 인간은 아직은 아니지만 내일은 그렇게 될 수 있는 인간으로 전환하는 작업이 지속적으로 수행된다. 적어도 우리는 이것을 인간의 **규정**으로 의욕하고, 그러한 작업은 마땅히 이루어져야 할 작업이다.

오늘에서 내일을 향해 나아가는 것, 이미 체험해 본 질서에서 아직 체험해 보지는 않았지만, 더욱 살 가치가 있고 또한 더욱 인간의 존엄에 상응하는 질서로 넘어가는 일은 우리에게 일상적으로 요구되는 결단을 통해 시도하게 된다. 그러한 결단의 근거를 제정법의 실정성에서 찾을 수 없다면, 자연법을 원용하게 된다. 이 때 자연법은 사물의 본성이나 사물의 질서 또는 인간의 규정이라는 말로 표현된다. 한 사회가 그 사회의 미래를 위한 이러한 끝없는 (새로운) 기획을 억압하고[예컨대 고대의 인용법(역주*)에서 프로이센 일반

---

* 동로마 황제 테오도시우스 2세는 인용법을 제정하여 법원이 재판을 할 때에는 가이우스, 파피아누스, 울피아누스, 파울루수, 모데스티누스 등 5인의 고전기 로마 법률가들의 견해를 인용하도록 명령했다. 다시 말해 법

란트법의 해석금지에 이르기까지 미래를 향한 기획을 억압하는 여러 가지 시도가 있었지만 모두 실패했다], 그저 기존의 질서에만 제한되도록 한다면, 그 사회는 생동감 있는 인간질서가 되기에는 부족하며, 오히려 커다란 위험에 빠지게 된다. 왜냐하면 그런 사회는 단지 과거만을 살 뿐이고, 인간과 관련하여 역사적 실체로 굳어진 본질규정만으로 연명하기에, 끝없이 미래를 향하여 과거를 뛰어넘는, 인간의 역사적 실존이 중단되기 때문이다.

그렇긴 하지만 우리의 과거-한 사회의 구조와 체계는 과거에 이미 내려진 결단으로부터 확고한 상태로 응축된 것이다-와의 관계는 과거를 끝없이 추월하는 관계일 뿐만 아니라, 동시에 과거를 고수하는 관계이기도 하다. 그 때문에 모든 법의 실정성(제정성) 그리고 우리의 일상적인 생활을 설계하는 틀이 되고 우리의 일상적 생활의 지침이 되는 모든 질서의 안정성과 신뢰성은 무엇이 인간 사이의 삶에서 인간적인 것에 속해야

률에 대한 해석을 금지하는 대신 이들 법률가의 견해를 채택하도록 한 것이다. 만일 5인의 법률가들의 견해가 서로 다른 경우에는 다수의 견해를 따르고, 다수를 확인할 수 없을 때에는 파피아누스의 견해를 따르도록 했다-옮긴이.

하고 무엇이 그렇지 않아야 하는지에 관한 일관성 있는 본질규정이자, 우리의 삶의 근거가 되는 인간적인 실체로서 높은 가치를 갖는다. 이런 이유에서 예컨대 수백 년에 걸친 경험을 통해 축적되어 있는 법률용어와 같이, 우리가 그와 같은 과거로부터의 전승에 '신세를 지고' 있다고 말하는 것은 결코 우연이 아니다. 이 점에서 과거는 '기존성(Gewesenheit)'(하이데거), 즉 계속 살아 있고, 지속적으로 영향을 미치며, 우리의 미래로부터 끝없이 다시 우리에게 되돌아올 연원으로서 우리에게는 사슬일 뿐만 아니라, 동시에 구속이기도 하다. 다시 말해 특정한 구체적 상황에서, 반복되는 특정한 관계에서, 특정한 기본적인 결합 속에서 무엇이 인간적인 것에 속하고 무엇이 그렇지 않은지에 관한 수없이 많은 발견들 모두에 인간이 자발적으로 구속된다. 그렇게 해야만 우리는 매 순간 다시 밑도 끝도 없는 심연, 인간 이외의 것, 비인간적인 것에 빠질 위험으로부터 벗어날 수 있게 된다. 그러므로 과거라는 이 살아 있는 '유산'은 공공의 세계를 지탱하는 공통의 토대이며, 공적인 통찰을 위한 확고한 터전으로서, 우리는 그러한 토대 위에 서 있고 또한 그러한 터전에서 우리의 삶을 영위한다.

이와 관련하여 결정적인 측면은 인간의 역사

적 본질기획으로 응고된 여러 통찰을 통해 인간적인 그 무엇인가를 발견했고, 이로써 인간에 대한 확실한 본질규정에 도달했다는 점이다. 그리하여 우리는 미래에 다시 비인간적인 나락으로 떨어지지 않는 한, 더 이상 그와 같은 본질규정에서 후퇴하는 방향으로 나갈 수 없게 된다. 그러므로 무엇이 인간적이고 무엇이 인간적이지 않은가에 대한 특정한 통찰로부터 후퇴하는 것, 즉 인간적인 것에 관해 한번 발견된 원칙과 인간 사이의 관계에 관해 한번 밝혀진 근본질서로부터 후퇴하는 것은 불가능하다.

문화세계의 영역에서도 정신적인 발전은 자연적 발전과 마찬가지로 결코 후퇴하는 방향으로 되돌릴 수 없다는 법칙이 타당한 것 같다. 예컨대 형벌은 책임을 전제한다는 인식을 한번 얻은 이상 책임이 없는 결과형법이라는 과거의 상태로 되돌아가는 길은 이미 막혀 있다.

물론 그와 같은 후퇴가 실제로 발생하는 경우도 있다. 하지만 그 경우 후퇴는 순간의 퇴행으로서 짧은 기간 동안 폭력을 동원하여서라도 관철할 수 있을지 모르겠지만, 그러한 후퇴가 역사를 통해 형성된 인간의 자기이해를 장기간에 걸쳐 침묵의 늪으로 빠뜨리는 것은 결코 가능할 수 없다.

그렇긴 하지만 다음과 같은 점에 주의해야 한다. 즉, 과거의 '유산'으로부터 얻게 되는 생명, 즉 참된 전통이 갖는 생명가치와 기존의 질서 및 이미 내려진 결단의 실정성을 아무리 강조한다고 할지라도, 천부적으로 기존상태를 변호하는 데 익숙한 우리 법률가들은 이 한 가지 측면만으로는 구체적인 개인으로서의 인간과 인간 전체의 삶의 진정한 모습을 알 수도 없고 체험할 수도 없다는 사실을 항상 분명히 의식하고 있어야 한다. 물론 민주주의 원칙에 따라 조직된 우리 서구의 질서에서 법적 안정성은 아주 높은 가치를 지니고 있다. 법적 안정성은 인간과 인간의 관계에서 마땅히 그래야 하고 마땅히 해야 할 것이 무엇인지에 대해 인간들이 함께 노력하여 이룩해 낸 합법적인 확인을 가능하게 해준다. 그렇지만 오늘날 우리가 이미 극복되었다고 여겨지는 실증주의로 다시 후퇴하게 된다면, 그것은 우리의 미래에 결정적 의미가 있는, 더 나은 세계를 위한 경쟁에서 패배하는 첩경일 뿐이다. 그처럼 지나가 버린 시간에 '그대로 머물러 있으라!'는 생각에 지배되어 있고, 뒷걸음만 치려고 하는 사적 또는 공적 태도는 인간과 인간의 사회적 발전의 역사에는 정지상태가 있다고 믿는 사람들에게만

안도감을 불러일으킬 뿐이다. 그런 사람들은 이 상태가 인간의 미래를 획득하기 위해 그대로 고수하고 유지해야 할 상태라고 믿는다. 하지만 그와 같은 태도는 인간의 미래가 언제나 미래를 향해 열려 있으며, 결코 과거의 연장이 아니라는 사실을 제대로 이해하지 못한다. 인간의 미래는 입법자가 그저 다가올 질서에 대해 사전에 추상적으로 기획을 하고 다가올 결단을 사전에 추상적으로 묘사하는 것만으로는 결코 획득할 수 없다. 이를 위해서는 상태의 구체적 질서, 일상적 삶의 특정한 사례에 대한 구체적 결단을 담당하는 모든 사람들과 모든 제도들의 지속적인 노력을 필요로 한다. 여기에는 판결 그리고 현행법에 대한 해석과 입법론을 통해 인간사회의 모든 관계가 지속적으로 의미를 갖고 또한 삶에 걸맞게 발전되도록 하는 일을 과제로 삼는 법학도 당연히 포함된다.[7] 이 점은 이미 법관의 일상적인 활

7) 그 때문에 빌헬름 바이쉐델(Wilhelm Weischedel, Recht und Ethik, 1956, 특히 S. 32ff.)은 법과 관련해서도 '기존의 것과 미래의 것을 향한, 인간실존의 이중적 방향설정'을 강조하고, 이로부터 입법자와 법관에게 다음과 같은 요청을 도출한다. 즉, "입법자나 법관은 인간이 물려받았고 또한 인간의 실존가능성의 내용을 미리 규정하고 있는 유산의 전통에 귀를 기울일 뿐만 아니라, 아직 오지 않은 미래를 기획하기도 해야" 한다고 요청한다. 왜냐하면 인간의 미래가 '기존의 것의 반복'이

동에서도 분명하게 드러난다.[8] 즉, 법관이 재판거부로 도피하지 못하는 한, 법관은 기존상태와 기존상태에서 효력을 갖고 있는 질서를 뛰어넘으라는 압박을 받으며, 이 때 법관은 실정성에 부합하지 않고 또한 실정성에 의한 보장이 없는 경우에도 그러한 뛰어넘기를 감행해야만 한다. 만일 오늘날의 법관들이 법관직의 과제에 관하여 자명하다고 여겨지는 이러한 견해에 따라 행동하지 않는다면, 법률에 상응한 또는 심지어 법률에 반하는 관습법적 법형성의 가장 단순한 형태마저도 불가능하게 될 것이다. 왜냐하면 새롭게 형성되

되어서는 안 되기 때문이다. 만일 그렇지 않을 경우 '역사는 정지상태에 빠지거나 인간이 이미 있는 형태 속에 경직'되고 말 것이라고 한다. 따라서 바이쉐델 역시 인간실존의 역사성으로부터 법이 갖는 기획으로서의 성격을 해석하는 가운데 궁극적으로는 '실존적 본질법'의 방향을 지시하는 물음 앞에 서 있다. 이 물음에 대해 바이쉐델은 다음과 같이 답한다. "아마도 인간과 전통의 관계에 비추어 볼 때 인간의 본질에 대한 절박한 물음으로부터 정태적 자연법이라는 의미의 절대적 규범이 밝혀질 수는 없겠지만, 판결과 입법의 영역에서 올바른 행동이 무엇인지를 가르쳐 주는 지침은 생길 수 있을 것이다."(a.a.O. S. 32ff.)

8) 이에 관한 구체적인 내용은 Maihofer, Die Bindung des Richters an Gesetz und Recht, in: Annales Universitatis Saraviensis, Bd. VIII, S. 5ff.; Arthur Kaufmann, Gesetz und Recht, in: Festschrift für Erik Wolf, 1962, S. 357ff., 특히 S. 381ff. 참고.

어 가는 법을 만들어 내려고 시도하는 모든 결정이 결코 실정성의 범위 내에 머물러 있을 수 없다는 점은 너무나도 분명하기 때문이다. 그러나 법관이 자신의 결정의 근거로 삼는 원칙이 가장 이성적이고 가장 합리적인 새로운 원칙일지라도, 효력을 갖는 객관적 법이라는 의미에서의 실정성을 획득하기 위해서는 이 원칙이 지속적인 판결로 전환되어야 한다. 다시 말해 이 원칙이 일반적인 확신에 따른 보편적 관행이 되어야 한다.

이 점에서 딜레마가 존재한다. 즉, 우리는 실정법으로 굳어진 과거를 지속시키거나 '실정적'이 된 사회구조와 사회질서가 그대로 계속 살아있게 할 수 없고, 그렇다고 우리가 모든 전통으로부터 완전히 해방될 수도 없는 노릇이다. 만일 우리가 전통을 완전히 무시하게 되면, 우리는 우리의 과거, 즉 우리 앞의 모든 세대들이 이미 내렸던 결단과 모순을 빚는 결과가 된다. 더욱이 선한 측면과 악한 측면을 모두 담고 있는 우리의 삶의 질서는 이전 세대들이 내린 결단으로부터 오늘날과 같은 모습이 되었다. 그러한 삶의 질서는 바로 그렇게 되어 온 질서로서, 우리가 우리의 역사적 실존의 연속성을 견지하기를 진정으로 원하고, 우리 자신과의 동일성을 상실하지 않기를 원한다면 우리는 이 질서를 과제로서 받아들이고 또한 지속시켜야만 한다.

1945년 직후의 새로운 성찰을 거친 이후, 오늘날 우리는 자족감에 빠져 갈수록 기존상태의 유지에만 매몰될 위험에 처해 있으며, 우리에게 '남겨진' 기존상태를 모든 일상적인 결단을 통해 더욱 인간의 존엄에 상응하고 더욱 살 가치가 있는 사회질서로 변화시키고자 하는 단호한 의지가 점차 마비되어 가고 있다. 이러한 사정이야말로 자연법이라는 저 오래 된 사상이 우리 사회의 합리적인 진화에 대한 지속적인 요청을 정당화하는 기초로서 기능한다는 점을 다시 한번 깨닫게 해주고 있다.

[결론] 실존법으로서의 자연법: 인간답고 삶의 가치가 있는 실존에 대한 인간의 권리

우리가 전통으로부터 물려받은 자연법적 관련성과 자연법적 논증방식에서 수행되는 것은 오직 한 가지이다. 즉, 각각의 역사적 상황 속에서 인간의 미래규정과 이를 실현하는 데 필요한 '상태'의 변경을 위해 과연 무엇이 요구되는지를 밝혀내는 일이다. 우리가 이 점을 깨닫는다면, 객관적 도덕률이 요구한다거나 당연한 것으로 받아들여야 하는 질서가 원한다는 식의 극히 의심스러운 표현들을 뒤로 하고 우리 자신이 주체가 되어 과연 누가 여기에서 요구하고 누가 여기에서 의욕하는지를 자유롭게 말할 수 있는 용기를 얻게 될 것이다. 어떤 비인격적인 그 무엇 또는 우리 이외의 어떤 인격적인 어느 누구가 아니라, 바로 인간, 즉 우리 자신이 우리 인간 세계의 상태에 비추어 무엇이 인간들 사이에서 인간적인 것에 속하고 무엇이 인간적인 것에 속하지 않는지, 무엇이 인간의 존엄에 상응하고 살 가치가 있는 세계질서에 대한 우리의 역사적 의미이해에 부합하고 무엇이 거기에 모순되는지에 대한 통찰에 힘입어 여기서 요구를 하고 의욕을 하는 주체인 것이다.

한 사회에서 법이라는 형태로 '역사'가 된, 인간의 본질기획의 역사적 실체라는 관점뿐만 아니라, 기존상태에 확정되어 있는 것을 끝없이 뛰어넘는 역사적 실존, 즉 미래의 인간규정 및 이러한 인간규정이 인간의 존엄에 부합하고 살 가치가 있도록 완전히 발현되는 데 필요한, 세계상태의 보존과 변경에 대한 사전의 기획이라는 관점에서도 인간규정을 역사적으로 이해하고 포착할 때에만 비로소 각각의 구체적인 결단을 통해 전통에 충실하면서도 동시에 미래를 향해 과감하게 자신을 열어 놓는 구체적 질서를 보장할 수 있다. 특히 이 후자의 측면, 즉 인간의 모든 질서와 결단과 관련하여 인간의 미래의 지평도 열어둔다는 점에 비추어 볼 때, 자연법은 실증주의와는 별도로 필수불가결하고 결코 포기할 수 없는 하나의 과제이다. 이렇게 볼 때, 자연법이라는 명칭은 모든 시대에 걸쳐 언제나 다음과 같은 단 하나의 과제를 늘 새롭게 제기한 것이었다. 그것은 바로 미래의 인간규정과 그에 상응하는 인간세계의 질서를 위한 기획들에게 법이라는 수단을 동원하여 길을 열어 놓아야 한다는 과제이다. 따라서 오늘날 우리에게 자연법은 인간이 자신의 미래와 인간을 진정 인간으로 만들려는 노력을 포기하지 않는 한, 결코 포기할 수 없는 이러한 과제를 뜻하는 개념이다. 그리고 인간을 진정 인간으로 만드는 것은 다름 아닌 인간의 실존이다. 인간의 실존은 이미 주어져 있는 그 무엇으로 확정되어 있는 것이 아니라, 인간에게 이를 완수하라는 과제로 부여되어 있는 것으로서 역사과정 속에서 비로소 밝혀지는 것이다.

그렇기 때문에 자연법은 실존법(Existenzrecht)이다. 즉, 인간이 다른 인간과 인간 자신의 규정에 부합하는 실존을 영위할 수 있는 권리를 보장하는 법이다. 따라서 자연법은 인간 사이의 관계가 모든 사람의 최대한의 자유와 최대한의 안전을 보장하는 질서를 뜻하는, 인간의 존엄에 상응하는 질서와 지도상에 더 가까이 다가가도록 노력하라는 일상적인 요청—이 요청은 법률가에게도 제기되는 요청이다— 그리고 이와 동시에 인간의 욕구를 최대한 충족시키고 인간의 능력을 최대한 발현시키는 질서를 뜻하는, 살 가치가 있는 질서—동구와 서구는 비록 전혀 다른 방법과 전혀 다른 수단을 동원하지만 모두 이러한 목표를 달성하려고 한다는 점에서는 공통된다—라는 목표에 최대한 근접하도록 노력하라는 요청을 포괄하는 개념으로 이해해야 한다.

인간의 인간에 대한 모든 예속과 착취가 종식된 상태에 더 가까이 가도록 노력해야 한다는 이 과제를 위해 서구사회에서는 프롤레타리아 독재가 아니라, 법의 지배라는 길을 선택했다. ‘자연법’이라는 아주 짧은 단어 하나는 법의 지배가 결코 미래를 과거가 지배하는 의미로 전락하지 않도록 보장해 준다. 인류 전체의 역사과정에서 자연법은 인간의 상황을 참으로 인간다운 사회의 형태를 향하여 변혁하기 위한 기치이다. 이러한 변혁은 결코 고독한 결단이나 떠들썩한 혁명에 의해 이루어지는 것이 아니다. 따라서 자연법은 단순히 인간이 예속과 굴종, 고독과 경멸에 시달리는 상태를 변혁하라는 요청을 집약하고 있는 공식이 아니라, 일상의 세계를 끝없이 새롭게 바꾸고 새롭게 만들어 내라는 요청을 집약하고 있는 공식이다.

따라서 우리에게 자연법은 인간이 처한 상태를 일상 속에서 참으로 인간다운 사회로 변혁하기 위해 요구되는, 끝없는 진화와 혁명을 지칭하는 개념이다.

〈보 론 I〉

'실패'의 존재론적 불가피성, 기독교적으로 표현하면 '원죄'의 불가피성은 단순히 인간이 자기자신 속에 갇혀 있거나 세계 속으로 타락한 것에 기인하기보다는, 이 세계 자체의 구조에 기인한다. 인간에게 이 세계는 그 자체 생경한 것이고, 필연적으로 인간 그 자신과 인간의 규정을 끝없이 소외시키는 세계이다. 그 때문에 파울 틸리히(Paul Tillich, Systematische Theologie, Bd. II, 1958, S. 46ff.)는 '원죄'라는 개념을 신학에서 배제하고, 이 개념이 의미하는 대상을 단지 '인간이 처해 있는 상황의 한 요소'로 여겨야 한다고 요구한다. 즉, 실존하는 자로서의 인간이 설령 자신의 '도덕적' 규정을 이해하고 포착하는 가운데 이 세계를 향해 스스로를 개방시켜 놓을지라도 어쩔 수 없이 맞닥뜨리게 되는 '소외의 보편성이라는 비극'으로 여기자고 한다. 이와 같은 견해에서는 '자기중심성'(인간이 자기 자신과 관련을 맺는 것)과 '세계개방성'(인간이 신과 관련을 맺는 것) 사이의 '대립' 대신에 "인간의 상황에서 도덕적 요소와 비극적 요소가 서로 얽혀 있다는 점을 서술"(Tillich, a.a.O. S. 46, 54)하게 된다. 다시 말해 인간이 '던져져 있는' 이 비인간적인 세계에서 인간 '소외의 보편성이라는 비극'과 모든 상황에서 자신의 인간으로서의 규정을 '완전히 발현'해야 한다는 과제에 대한 인간의 '개인적 책임'이 서로 얽혀 있다는 것이 된다. 이 때 인간은 특정한 어느 누구이자, 자기자신이기도 하며 또한 인간 일반이기도 하다. 우리가 이러한 세계 속에서 늘 실패하게 되는 것은 단순히 인간이 자기자신과 관련을 맺기 때문이 아니라, 인간이 특정한 상황에서는 '무한한 인간적 규정', 즉 신을 향해 스스로를 열어 놓고, 이를 통해 '최상의 존재' 속에서 인간의 규정을 실현할 수 있는 가능성을 전혀 부여하지 않는 세계와 관련을 맺기 때문이다. 그와 같은 상황에서 인간은 설령 '선한 의지'를 가진 인간일지라도 인간의 유한한 인간적 규정, 즉 인간 자신의 '인간적 존재'마저도 실현할 수 없게 된다. 다시 말해 인간이 관여했든 그렇지 않았든 분명 신이 의욕했거나, 최소한 신이 용인했던 구체적 상황의 잠재성(우연성)은 인간의 '무한한 규정', 아니 최소한 인간의 '유한한 규정'을 실존 속에서 이행한다는 인간의 본질성을 박탈해 버린다.

〈 보 론 II 〉

'창조와 타락이 일치'하고, 따라서 "실현된 창조와 소외된 실존은 실질적으로 동일하다"(Tilich, a.a.O., S. 52)는 전제에서 출발하면, 선과 악 모두를 신 자체에 기인한다고 보지 않는 한, 어떻게 이원적 세계원칙이 없이도 세계 내에 존재하는 악의 현실에 대한 이해에 도달할 수 있는지를 설명할 수 없다. 그 때문에 틸리히도 이미 그의 초기저작 「악령적인 것(Das Dämonische. Ein Beitrag zur Sinndeutung der Geschichte, 1926)」에서 악을 단순히 부정적인 것, 즉 선이 아닌 것이 아니라, 존재론적 입장에서 존재 자체가 갖는, 기본적으로 긍정적인 속성으로 이해하지 않을 수 없었으며, 이러한 속성의 악을 틸리히는 '신적인 것'과 구별되는 '악령적인 것'이라고 불렀다. 틸리히가 이러한 표현으로 바꾸어 서술한 내용은 사실 지속적인 창조(creatio continus)라는 모든 피조물들의 활동을 관류하고 있는 의지, 즉 '토대'뿐만 아니라, '타락의 심연'까지도 스스로 실현하라는 의지에 다름 아니다. 틸리히가 보기에 "모든 사물에는 존재의 내적 무한성, 즉 존재가 개별자로서 스스로 적극적인 무한성을 실현하려는 의지가 내재해 있고, 자신의 유한하고 제한된 형태를 뚫고 나아가려는 충동, 즉 그 자신에게 심연을 실현하고픈 열망이 내재해 있다고 한다(a.a.O. S. 11; 강조는 저자).” ‘창조의 심연이 갖는 신비’(이에 관해서는 Systematische Theologie, Bd. I, S. 311도 참고)로부터 변신론의 물음에 대한 답을 찾고자 했던 당시의 시도에서 틸리히는 사물의 창조적 근거 자체에서 작용하는 ‘긍정적 힘’을 깨닫게 되었으며, 이 창조적인 힘은 ‘자신의 유한하고 제한된 형태’를 실현하도록 강요할 뿐만 아니라, 이러한 형태를 ‘극복’하라고 강요하기도 한다. 따라서 틸리히에게 ‘악령’은 “형태에 반하여, 사물 속에서 창조적 근거가 분출하는 것”(a.a.O. S. 12)이다. ‘악령’은 한 존재자가 갖고 있는 ‘유한하고, 제한된 형태’를 그저 충족시키거나 상승시키는 파괴가 아니라, 그러한 유한한 형태를 완전히 파헤쳐 버리고 말살해 버리는 파괴이며, 각 존재자의 현실적 한계뿐만 아니라, 본질적 한계 또한 그러한 파괴의 대상이 된다. 자기 스스로를 뛰어넘는다는, 모든 존재자가 갖고 있는 이러한 근본적 특성은 ‘신적인 충만감’ 속에서 ‘존재를 상승’시키기도 하지만, ‘악령의 충만감’ 속에서는 ‘존재를 감소’시키기도 한다(a.a.O. S. 14). 물론 틸리히는 존재자의 특성이 갖는 이 두 가지 측면 모두를 긍정적으로 파악한다. 틸리히는 모든 존재자에게 내재해 있는 ‘긍정적인 힘’이 “순진한 상태를 극복하도록 끝없이 강요하고, 바로 그 때문에 유혹이 될 수도 있다"고 한다. 왜냐하면 "이 긍정적인 힘은 창조적인 힘이기 때문이다"(a.a.O. S. 19). 그러나 만일 '악령적인 것'과 '신적인 것'이라는 두 가지 가능성이 모두 포함되어 있는 이 긍정적인 힘, 다시 말해 이 세계의 (긍정적인) '토대'와 '타락의 심연'을 그 조물주인 신에게 연원한다고 보게 되면, 우리가 어떻게 악령적이면서 동시에 신적인 세계근거를 결코 악령적이지 않고, 전적으로 신적일 '속성'만을 갖고 있다고 여기는 신이라는 존재, 즉 전통적인 일원론적 신학에서 말하는 인격신에 연원한다고 볼 수 있는지를 설명할 길이 없다.

옮긴이 후기

인간은 불완전한 존재이다. 이 불완전한 존재들로 구성된 인간사회의 현실 또한 '모순과 재난으로 가득 찬 끔찍한 구조'를 갖고 있다. 모든 법은 바로 이러한 현실에 근거하고 있다. 왜냐하면 법은 곧 싸움이기 때문이다. 인간은 싸움 속에 살고 있고 싸움이 없다면 법률가나 법학 따위는 설 자리가 없을 것이다. 그래서도 전통적인 이론들은 분쟁과 반목이라는 인간사회의 숙명이 인간 자체의 본질, 즉 인간의 불완전성에 기인한다고 보았다.

충분히 설득력 있게 들리는 이 전통적 이론에 대해 이의를 제기하고 인간의 본질보다는 인간이 처해 있는 실존적 조건 자체가 모순과 재난으로 가득 차 있어서 끝없는 다툼의 역사가 전개된다는 실존철학적 구상을 접하는 지점에서 우리는 20세기 독일 법철학의 거장 베르너 마이호퍼(Werner Maihofer)의 실존론적 법철학을 만나게 된다. 마이호퍼에 따르면 인간은 대립과 모순의 구조 자체로부터 결코 벗어날 수 없으며, 아무리 노력을 기울일지라도 모든 사람이 만족할 수 있는 공통의 해결책을 찾아낼 수 없다고 한다. 하지만 그것은 인간이 불완전하고, 타락한 존재이기 때문이 아니라, 인간이 그러한 구조를 지닌 현실 속으로 '던져진' 탓이라고 한다. 다시 말해 이 냉혹한 현실은 결코 인간이 스스로 만들어 내거나 인간이 책임져야 할 상황이 아니다.

그리하여 마이호퍼는 인간이 어떻게 하면 세계의 구조 속에서 살아갈 수 있을 것인가라는 근원적인 물음과 씨름한다. 인간은 언제나 이 세계의 모순들에 짓눌려 질식할 위험에 처해 있다. 그 때문에 마이호퍼는 인간적 질서의 지침은 세계 자체로부터 얻어낼 수는 없다고 확신한다. 이와 같은 마이호퍼의 문제의식은 인간질서에 대한 지침과 이상을 표현했던, 서양의 자연법 전통에 대해서도 변화를 불러일으킨다. 전통적인 자연법이 이미 주어져 있는 질서의 원형이 존재하고, 인간질서는 그러한 원형에 의지하고 또한 원형을 지향해야만 한다고 생각했다면, 마이호퍼에게 자연법이란 비인간적이고 끔찍한 이 세계에서 인간의 현존재는 과연 무슨 의미를 갖고 또한 어떻게 의미 있는 질서를 형성할 것인가에 대한 물음이다. 그러므로 자연법은 인간을 초월하는 그 무엇이거나 인간의 본성이 온전히 발현된 그 무엇이 아니라, 인간답고 살 만한 가치가 있는 세계를 구성하고 기획하기 위한 우리 인간들 스스로의 노력을 통해 구체적인 역사 속에서 실현해야 할 대상이다. 즉, 자연법은 오로지 인간만이 실현시킬 수 있는 법이다. 따라서 인간만이 법과 자연법을 실현해 낼 수 있다는 것이 마이호퍼의 결론이다. 이로써 자연법은 인간이 실현하고자 하는 특정한 미래에 대한 인간의 요구를 표현한 것이며, 이 점에서 자연법은 인간에 앞서 존재하는 법이 아니라, 인간이 실존 속에서 실현해야 할 미래의 질서를 위해 부단히 노력해야 할 과제를 부여하는 법이다. 그래서 자연법은 곧 실존법이다!

자연법에 대한 이러한 이해는 사실 자연법의 기나긴 전통에 비추어 보면 획기적인 전환일 뿐만 아니라, 어쩌면 헤겔의 철학과 자신의 철학의 관계를 규정한 맑스의 표현을 빌리자면 머리와 다리를 완전히 뒤바꾼 엄청난 전환이기도 하다. 왜냐하면 마이호퍼에게 자연법은 더 이상 인간에 '대한' 법이 아니라, 인간'으로부터'의 법이기 때문이다. 어쩌면 '자연법'이라는 전통적인 명칭을 과연 유지할 필요가 있었을까라고 의심을 제기할 필요가 있을 정도로 커다란 변화라 할 수 있다. 이러한 실존론적 자연법과 미래를 향한 과제로서의 자연법은 이미 그의 교수자격논문 「법과 존재(Recht und Sein)」에 거의 모든 이론적 단초가 마련되어 있고, 교수취임강연인 「인간질서의 의미에 관하여(Vom Sinn menschlicher Ordnung)」 또한 이 연장선상에서 독해가 가능하다. 다만 '실존적 과제'로서의 자연법이 갖는 의미를 인간의 본질적 규정인 실존 자체의 측면에서 본격적으로 서술하고 있다는 점에서 이 자그마한 책은 —적어도 옮긴이가 보기에는— 마이호퍼의 법철학과 그의 자연법사상의 절정이자 백미라고 할 수 있다.

베르너 마이호퍼는 아르투어 카우프만(Arthur Kaufmann)과 함께 1960년대부터 독일 법철학을 이끌던 20세기의 대표적 법철학자이다. 하지만 카우프만과 달리 마이호퍼는 도대체 한 치의 군더더기도 허용하지 않는 문체에 덧붙여 독특한 독일어 구사방식과 독자에게는 거의 '불친절'에 가까울 정도의 심오함으로 인해 난해한 법철학자로 알려져 있다. 우리 법철학이 이 난해함을 어느 정도 극복하게 된 것은 전적으로 마이호퍼의 한국인 제자 심재우 선생님의 노고 덕택이다. 심 선생님은 그 자신 "거인의 어깨 위에 올라 선 난장이"라고 표현을 하실 정도로 마이호퍼라는 '거인'의 법철학을 우리 법철학계에 소개하고 이해시키는 데 커다란 열정을 보여 주셨다. 옮긴이가 아는 한, 마이호퍼의 그 어떤 제자도 심 선생님만큼 마이호퍼의 법철학을 발전적으로 계승한 사람은 없다. 2008년 10월에 독일의 바트-홈부르크

(Bad-Homburg)에서 열린 마이호퍼의 90세 기념 콜로키움에서 심 선생님께서 마이호퍼의 '로서의 존재(Alssein)'의 법철학과 공자의 정명론(正名論)을 비교하는 발표[1]를 하신 것만 보아도 심 선생님과 마이호퍼의 법철학 사이에는 불가분의 관계가 있다. 그 자리를 함께 했던 옮긴이는 스승과 스승의 스승을 함께 뵈면서 3대가 한 자리에 모이는 영광을 체험하기도 했지만, 무엇보다 마이호퍼의 법철학과 심재우 선생님의 법철학 사이의 연속성을 재발견하면서 역사 속의 인간과 인간의 역사 그리고 학문과 전통에 대해 깊이 성찰하게 되는 계기가 되었다. 그리고 그 계기가 결국 이 책을 우리말로 옮기는 작업으로 이어지게 되었다.

이 정도의 설명만으로도 독자들이 충분히 감지할 수 있겠지만 이 책을 읽는 일은 결코 쉽지 않다. 그래서 옮긴이가 독자들에게 부탁을 해도 된다면, 심재우 선생님께서 번역하신 「법과 존재」의 역자서문을 반드시 한 번 읽어보기를 권하고 싶다. 마이호퍼의 법철학 전체를 조망하고 있는

---

1) 이 발표문은 Zai-Woo Shim, Rechtsphilosophie des Alsseins und die Lehre über den richtigen Namen bei Konfuzius, in: Stephan Kirste/Gerhard Sprenger (Hg.), Menschliche Existenz und Würde im Rechtsstaat, 2010, S. 95-101에 실려 있다.

이 글은 역자서문이라기 보다는 그 자체로 완결된 하나의 논문으로서 가치가 있을 정도로 한 법철학자에 대한 또 다른 법철학자의 오랜 연구결과를 한 편의 파노라마로 펼쳐놓고 있다.

2009년 10월 6일 마이호퍼는 91세 생신을 2주 남겨두고 세상을 떠났다. 그의 죽음은 법철학의 한 시대를 마감하는 사건이었고, 아마도 그와 같은 독창적 사고를 가진 법철학자를 다시 만나기까지 역사는 상당히 오랜 시간동안 인내심을 갖고 기다림에 익숙해져야 할지 모른다. 그가 현실정치에 뛰어들어 자유의 이념을 전파하고 인간다운 질서를 위한 기획에 적극적으로 참여하지 않았다면 우리는 그의 법철학적 사유를 더욱 풍성하게 접할 수 있었을지도 모른다. 하지만 마이호퍼가 대학이라는 울타리에 머물지 않았던 것은 그의 법철학적 사유에 따른 당연한 결과였다는 점을 인정해야 한다. 그에게 이론은 실천을 위한 이론이었고, 실천은 곧 이론의 반영이었기 때문이다.

마이호퍼의 저작을 두 권째 번역하면서 다시 번역에 대한 두려움을 느끼기 시작했다. 그렇지만 이번에는 나의 오류를 따끔하게 지적해 줄 든든한 후원자들이 있었다. 무엇보다 심재우 선생님께서 친히 초고를 읽으시고 수정해야 할 부분과 부적절한 번역을 꼼꼼히 지적해주셨다. 부족하기 짝이 없는 제자인 옮긴이로서는 선생님이라는 거인의 어깨 위에 올라선 난장이가 되고 싶은 욕심만 앞서 허둥대고만 있는 것은 아닌지 늘 불안하고 선생님께 죄송스러운 마음뿐이다. 예전 학생시절 선생님께 그저 "공부 열심히 하겠습니다"라고 말씀드리는 것으로 충분했던 때가 그리울 정도이다. 지금도 그 말씀밖에는 달리 드릴 말씀이 없다는 자괴감을 간직하고 살지만, 무엇보다 연로하신 선생님께서 항상 건강하시기를 비는 마음 간절하기만 하다.

고려대학교 법과대학과 한국외국어대학교 법과대학에서 법철학을 강의하면서 몇몇 학생들이 번역문을 읽어주었고, 지금은 고려대학교 대학원 법학원에 입학한 박석훈 씨가 교정을 맡아주었다. 무엇보다 이 난해한 텍스트가 우리말로도 읽힐 수 있다는 사실을 확인하게 해준 학생들에게 고마움을 전한다.

이 책은 바트-홈부르크 산림묘지에서 소박한 나무비석 아래 부인과 함께 잠들어 있는 지은이 마이호퍼 교수께 헌정하고 싶다. 올 여름에는 국화 한 다발과 이 한국어판 한 권을 들고 스승의 스승을 다시 찾아갈 작정이다. “당신의 법철학이 당신이 한 번도 밟아보지 못한 땅에서도 살아 숨쉬고 있다”고 중얼거리면서 말이다.

2011년 3월
고려대학교 법과대학 연구실에서
옮긴이 윤 재 왕

저자 / 역자 소개

지은이 베르너 마이호퍼(Werner Maihofer)는 1918년 10월 20일 독일 위버링엔(Überlingen)에서 태어나 2차 대전에 참전한 이후 종전과 함께 1945년부터 프라이부르크 대학교 법과대학에서 법학을 공부하고, 스승 에릭 볼프(Erik Wolf)의 지도하에 1950년에 "범죄체계에서 행위개념(Der Handlungsbegriff im Verbrechenssystem)"으로 박사학위를, 1953년에는 "법과 존재(Recht und Sein)"로 교수자격을 취득했다. 이미 학생시절에 쓴 리포트가 너무 독창적인 나머지 담당교수가 대필이 아니냐는 의심을 할 정도로 탁월한 능력을 보여주었고, 하이데거의 철학을 법철학에 비판적으로 수용한 교수자격논문을 쓰기 전에 프라이부르크 부근 시골마을에 칩거하고 있던 하이데거를 찾아가 그의 이론에 문제가 있다는 비판을 제기하고 하이데거로부터 논문에 대한 구상에 대해 동의를 이끌어낼 만큼 청년시절부터 일반 철학과 법학에 대해 심오한 사유를 펼치기 시작했다. 어린 시절 빙상선수이기도 했던 그는 1936년 동계올림픽에 독일 국가대표로 참가했으며, 바이올린과 만돌린은 프로급 연주자이기도 한 것으로 알려져 있다. 교수자격을 취득한 이후 1955년부터 1969년까지 자브뤼켄 대학교 법과대학의 법철학, 사회철학, 형법, 형사소송법 담당교수를 하면서 전 세계적으로 가장 중요한 법철학 연구소였던 「법 및 사회철학 연구소(Institut für Rechts- und Sozialphilosophie)」를 설립했으며, 1967년부터 1969년까지 같은 대학교의 총장을 역임했다. 특히 이 시기에 독일형법의 정부개정안이 과거의 보수적, 도덕적 성격을 계속 유지하려는 의도를 보이자 페터 놀(Peter Noll)과 함께 형법학자들의 대체개정안(Alternativentwurf)을 기획하는 작업을 주도하여, 독일형법의 자유화에 결정적인 공헌을 했다. 1970년부터는 독일 북부에 신설된 빌레펠트 대학교로 자리를 옮겨 형법, 형사소송법, 법사회학, 법 및 사회철학 담당교수가 되어 오늘날에도 국제적 명성을 얻고 있는 「학제연구센터(Zentrum für interdisziplinäre Forschung)」를 설립했으며, 1969년에 입당한 자유민주당(FDP)의 핵심이론가로서 이른바 "프라이부르크 테제"를 기획하여 자유주의와 사회주의를 결합한 진보적 자유주의 정강을 완성하는 데 주도적인 역할을 하였다. 1972년부터는 독일 연방의회의 의원이 되어, 1972년부터는 연방취임장관, 1974년부터는 연방내무장관을 역임했다. 내무장관 재직 시절 독일 적군파(RAF)의 테러에 대처해야 하는 정치적으로 험난한 상황에서 발생한 연방정보국의 불법도청사건에 대해 정치적 책임을 지고 1978년 7월에 장관직에서 물러나면서 정치생활을 접는다. 그 이후 1982년부터 1984년까지 이탈리아 피렌체 소재의 유럽통합대학의 총장을 역임하고, 콘스탄츠 대학교 법과대학 명예교수이기도 했다. 마이호퍼는 오랜 기간에 걸쳐 세계법철학회의 기관지 「법 및 사회철학 잡지(Archiv für Recht- und Sozialphilosophie)」의 편집인이기도 했다. 2009년 10월 6일 91세의 나이로 세상을 떠났다.

주요저작으로는 『Recht und Sein(1954: 법과 존재, 심재우 역, 1996)』, 『Vom Sinn menschlicher Ordnung(1956: 인간질서의 의미에 관하여, 윤재왕 옮김, 2003)』, 『Rechtsstaat und menschliche Würde(1968: 법치국가와 인간의 존엄, 심재우 역, 1994)』, 『Demokratie im Sozialismus(1968: 사회주의 속의 민주주의)』가 있고, 기타 형법, 법철학, 사회철학, 법사회학, 입법학에 관련된 수많은 논문을 저술하고 다수의 책을 편집했다.

옮긴이 윤재왕은 고려대학교 법과대학 법학과와 문과대학 철학과를 졸업하고 독일 자브뤼켄 대학교의 「법 및 사회철학 연구소」와 프랑크푸르트 대학교에서 법학과 철학을 공부했으며, 2009년에 프랑크푸르트 대학교 법과대학에서 박사학위를 취득했다. 현재 고려대학교 법학전문대학원에서 법철학 담당교수로 재직 중이다. 법철학에 관련된 여러 편의 번역서와 논문이 있다.

실존법으로서의 자연법

2011년 4월 5일 초판 인쇄
2011년 4월 10일 초판 발행
저 자 베르너 마이호퍼
역 자 윤 재 왕
발행인 이 방 원
발행처 세창출판사
서울 서대문구 냉천동 182 냉천빌딩 4층
전화 723 - 8660 팩스 720 - 4579
E-mail: sc1992@empal.com
Homepage: www.sechangpub.co.kr
신고번호 제300-1990-63호

정가 8,000원

ISBN 978-89-8411-333-6 93360